高等职业教育新能源汽车类专业教材

新能源汽车动力蓄电池及管理技术

高 燕 主编

胡 浩 任灏宸 副主编

人民交通出版社

北京

内 容 提 要

本书是高等职业教育新能源汽车类专业教材。全书共6个学习任务,主要内容有:动力蓄电池维护、动力蓄电池更换、动力蓄电池系统故障检修、交流充电系统故障检修、直流充电系统故障检修和DC/DC系统故障检修。

本书可作为高职高专院校新能源汽车技术专业及其他相关专业的教学用书,也可作为新能源汽车技术人员及相关专业师资的培训教材。

图书在版编目(CIP)数据

新能源汽车动力蓄电池及管理技术/高燕主编.—北京:人民交通出版社股份有限公司,2024.3
ISBN 978-7-114-19300-2

Ⅰ.①新… Ⅱ.①高… Ⅲ.①新能源—汽车—蓄电池—高等职业教育—教材 Ⅳ.①U469.703

中国国家版本馆CIP数据核字(2024)第053351号

书　名:	**新能源汽车动力蓄电池及管理技术**
著 作 者:	高　燕
责任编辑:	戴慧莉
责任校对:	赵媛媛
责任印制:	刘高彤
出版发行:	人民交通出版社
地　　址:	(100011)北京市朝阳区安定门外外馆斜街3号
网　　址:	http://www.ccpcl.com.cn
销售电话:	(010)59757973
总 经 销:	人民交通出版社发行部
经　　销:	各地新华书店
印　　刷:	北京市密东印刷有限公司
开　　本:	787×1092　1/16
印　　张:	10.25
字　　数:	246千
版　　次:	2024年3月　第1版
印　　次:	2024年3月　第1次印刷
书　　号:	ISBN 978-7-114-19300-2
定　　价:	35.00元

(有印刷、装订质量问题的图书,由本社负责调换)

Preface 前言

为贯彻落实《交通强国建设纲要》相关领域的目标任务，根据《交通运输部关于开展交通强国建设试点工作的通知》（交规划函〔2019〕859号），经交通运输部批复，人民交通出版传媒管理有限公司主持开展"交通职业教育核心课程教学资源优化"交通强国建设试点任务。"交通职业教育核心课程教学资源优化"旨在贯彻落实《交通强国建设纲要》精神和国家职业教育教学改革精神，深化产教融合，整合人民交通出版传媒管理有限公司和相关院校既有优势，遴选建成一批更加适应现代交通职业教育教学需求、体现行业发展和时代特点的高质量创新性教材和数字化教学资源，助力构建高质量教育体系，为培养素质优良的知识型、技能型、创新型劳动者提供坚实的支撑。

本套高等职业教育新能源汽车类专业教材为遴选后的优质教材，其聚焦核心课程，贯彻国家职业教育教学改革精神，深化产教融合、校企合作，体现课程思政，融通"岗课赛证"，以真实生产项目、典型工作任务、案例等为载体组织教学单元，教学设计完整、恰当，内容深入浅出、图文并茂，为纸数融合的新形态教材。

《新能源汽车动力蓄电池及管理技术》一书以比亚迪e5、北汽新能源EV200等车型为例进行编写，全书主要包括动力蓄电池维护、动力蓄电池更换、动力蓄电池系统故障检修、交流充电系统故障检修、直流充电系统故障检修、DC/DC系统故障检修6个项目。本书具有以下特点：

（1）依托校企合作项目，通过召开职业活动分析会，分析典型职业活动，提炼工作任务，分析职业能力和素养，融入产业发展的新技术、新工艺、新规范，创建模块化、能力递进式的"课随岗动"新型课程体系。

（2）在教材开发过程中，以职业岗位需求为导向，充分引入整合新能源汽车职业技能等级认证标准、"1+X"证书标准、职业技能大赛标准，构建"岗课赛证"课程体系，实现教材内容和职业标准有机融合。

（3）教材打破传统的学科体系结构，基于典型职业活动进行模块化课程设计，每个项目下分为若干个工作任务，每个项目的专业内容，按照重难点之间的逻辑关系，分散在不同的任务中，化解学生的学习压力，也有利于提炼整理关键信息。

（4）教材结合企业工作流程和职业教育六步教学法流程进行设计，包括任务接受、任务分析、理论学习、任务计划决策、任务实施、任务检查交付的整个过程，为进一步提高学习效果,最后增加了总结评价和巩固拓展,每一步设计都详细具体,可操作性强。

(5)注重图文并茂,采用大量的电路图、结构图、实物图,配合文字进行讲解,直观易懂。

(6)采用"互联网+职业教育"思维创新模式,配有丰富的数字化资源,将教材、课堂、教学资源三者融合,实现线上线下相结合的教材新模式,便于学生自主学习。

本书由北京交通运输职业学院高燕担任主编,由北京交通运输职业学院胡浩、任灏宸担任副主编。

在编写本书的过程中,编者咨询了多位新能源汽车技术专家和一线技术人员,充分考虑了新能源动力蓄电池及其充电系统故障诊断检修相关岗位对技术人员的知识要求、技能要求、素养(思政)要求,力求使职业教育与岗位需求有机结合,编者翻阅了车辆维修手册、电路图及相关技术规范等大量有关新能源汽车故障诊断检修的文献资料,引用了大量原厂手册及文献资料,在此,向这些资料的作者表示衷心感谢。

由于作者水平有限,书中难免有疏漏与不当之处,恳请广大读者批评指正,以便进一步修改和完善。

编 者
2023 年 12 月

Contents 目录

学习任务 1　动力蓄电池维护 ……………………………………………………… 1
　一、任务接受 ……………………………………………………………………… 1
　二、任务分析 ……………………………………………………………………… 2
　三、理论学习 ……………………………………………………………………… 2
　　(一)高压安全常识 …………………………………………………………… 2
　　(二)动力蓄电池基本概念 …………………………………………………… 8
　　(三)动力蓄电池结构 ………………………………………………………… 13
　　(四)不同类型动力蓄电池的特点 …………………………………………… 17
　　(五)动力蓄电池维护流程 …………………………………………………… 26
　　(六)动力蓄电池维护规程 …………………………………………………… 28
　四、任务计划决策 ………………………………………………………………… 28
　五、任务实施 ……………………………………………………………………… 28
　六、任务检查交付 ………………………………………………………………… 35
　七、总结评价 ……………………………………………………………………… 36
　八、巩固拓展 ……………………………………………………………………… 37
　练习题 ……………………………………………………………………………… 37

学习任务 2　动力蓄电池更换 ……………………………………………………… 39
　一、任务接受 ……………………………………………………………………… 39
　二、任务分析 ……………………………………………………………………… 40
　三、理论学习 ……………………………………………………………………… 40
　　(一)高压上下电控制逻辑 …………………………………………………… 40
　　(二)动力蓄电池热管理系统 ………………………………………………… 43
　　(三)动力蓄电池储存维护 …………………………………………………… 48
　　(四)动力蓄电池更换流程 …………………………………………………… 48
　　(五)动力蓄电池更换规程 …………………………………………………… 49
　四、任务计划决策 ………………………………………………………………… 50
　五、任务实施 ……………………………………………………………………… 50

  六、任务检查交付 ………………………………………………………………… 57
  七、总结评价 ……………………………………………………………………… 58
  八、巩固拓展 ……………………………………………………………………… 60
  练习题 …………………………………………………………………………… 60

学习任务3　动力蓄电池系统故障检修 …………………………………… 62
  一、任务接受 ……………………………………………………………………… 62
  二、任务分析 ……………………………………………………………………… 63
  三、理论学习 ……………………………………………………………………… 63
    (一)动力蓄电池管理系统 ………………………………………………… 63
    (二)预充控制系统原理 …………………………………………………… 67
    (三)高压互锁控制系统 …………………………………………………… 68
    (四)高压绝缘控制系统 …………………………………………………… 71
    (五)动力蓄电池常见故障 ………………………………………………… 74
    (六)动力蓄电池的故障检修流程 ………………………………………… 77
  四、任务计划决策 ………………………………………………………………… 77
  五、任务实施 ……………………………………………………………………… 78
  六、任务检查交付 ………………………………………………………………… 84
  七、总结评价 ……………………………………………………………………… 84
  八、巩固拓展 ……………………………………………………………………… 86
  练习题 …………………………………………………………………………… 86

学习任务4　交流充电系统故障检修 ……………………………………… 88
  一、任务接受 ……………………………………………………………………… 88
  二、任务分析 ……………………………………………………………………… 89
  三、理论学习 ……………………………………………………………………… 89
    (一)交流充电系统概述 …………………………………………………… 89
    (二)交流充电系统结构组成 ……………………………………………… 91
    (三)交流充电系统充电时序 ……………………………………………… 97
    (四)交流充电的控制策略 ……………………………………………… 100
    (五)交流充电系统常见故障及检修 …………………………………… 100
    (六)交流充电系统故障检修流程 ……………………………………… 101
  四、任务计划决策 ……………………………………………………………… 102
  五、任务实施 …………………………………………………………………… 102
  六、任务检查交付 ……………………………………………………………… 110
  七、总结评价 …………………………………………………………………… 110
  八、巩固拓展 …………………………………………………………………… 112
  练习题 ………………………………………………………………………… 113

学习任务5　直流充电系统故障检修 114
一、任务接受 114
二、任务分析 115
三、理论学习 115
（一）直流充电系统概述 115
（二）直流充电系统结构组成 116
（三）直流充电与交流充电的区别 119
（四）直流充电系统充电时序 120
（五）直流充电过程的控制策略 123
（六）直流充电系统常见故障及检修 123
（七）直流充电系统故障检修流程 125
四、任务计划决策 126
五、任务实施 126
六、任务检查交付 133
七、总结评价 134
八、巩固拓展 136
练习题 136

学习任务6　DC/DC系统故障检修 138
一、任务接受 138
二、任务分析 139
三、理论学习 139
（一）低压充电系统结构与工作流程 139
（二）DC/DC变换器的结构和原理 140
（三）DC/DC变换器日常维护 143
（四）DC/DC系统常见故障 143
（五）DC/DC系统故障检修流程 144
四、任务计划决策 144
五、任务实施 145
六、任务检查交付 149
七、总结评价 150
八、巩固拓展 152
练习题 153

参考文献 154

学习任务1 动力蓄电池维护

▶ 知识目标

1. 掌握高压电安全常识;
2. 掌握电动汽车动力蓄电池的基本概念;
3. 掌握电动汽车动力蓄电池的结构原理;
4. 掌握动力蓄电池的维护流程。

▶ 技能目标

1. 能够熟练使用新能源汽车高压防护工具;
2. 能够熟练完成动力蓄电池外部检查;
3. 能够完成动力蓄电池的性能检测。

▶ 素养目标

1. 通过实际操作,培养防患于未然的安全意识;
2. 通过实际操作,培养严格遵守操作规程、不弄虚作假、讲诚信、爱劳动的品德品格。

课程思政点睛

本任务主要对学生进行社会主义核心价值观中诚信价值观训练。诚信即诚实守信,是人类社会千百年传承下来的道德传统,也是社会主义道德建设的重点内容,它强调诚实劳动、信守承诺、诚恳待人。中国有很多关于诚信的故事,例如,在汉朝时,季布以真诚守信著称于世。时人谚云:"得黄金百斤,不如得季布一诺。"意思是说,季布的一句话,比金子还要贵重。后来,季布跟随项羽战败,被刘邦通缉,不少人都出来保护他,使他安全地渡过了难关。最后,季布凭着诚信,还受到汉王朝的重用。同学们在完成学习任务的过程中,通过角色扮演、小组讨论、双人操作等活动培养安全、严谨、规范、精益求精的职业精神的同时,要严格遵守操作规程,培养讲诚信、爱劳动的品德。

一、任务接受

1. 学习情景描述

在某新能源汽车4S店后,一位顾客反映其纯电动汽车是于去年在该店购买,需要做一次动力蓄电池的检查和维护。你作为一名维修人员,请严格按照相关的作业标准,对该车辆的动力蓄电池进行维护。

2．动力蓄电池维护任务工单

动力蓄电池维护任务工单见表1-1。

动力蓄电池维护任务工单　　　　　　　　　表1-1

服务站名称		工单类型		服务顾问	
车主姓名		车主手机号		送修人	
送修时间		预计交车时间		行驶里程(km)	
送修问题	车辆已满足使用时间或者已达到行驶里程数,动力蓄电池需要维护				
检查结果	维护动力蓄电池				

二、任务分析

本任务实施前,请完成下列活动。

(1)同学们通过分析任务,思考并写出完成客户委托任务需要的关键信息。

(2)通过小组合作,讨论本组完成客户委托任务的关键点和难点以及需要进行哪些操作。

(3)各个小组分别进行展示分享,相互提出改进意见。

三、理论学习

(一)高压安全常识

1．高压安全相关概念

(1)触电。所谓触电,是指人体触及带电体时电流对人体所造成的伤害。新能源汽车的用户和维修人员在对车辆进行清洗或维护时,很可能会因操作不当而发生触电,导致人身伤害甚至死亡。

(2)高压伤害。高电压之所以危险,是因为人体的肌肉、皮肤以及血管中的血液都可以导电,当高电压加载到人体后,在人体内会形成电流。电流对人体的伤害是多方面的,根据伤害的性质不同,可分为电伤和电击两种。

电伤是指由于电流的热效应、化学效应和机械效应对人体的外表造成的局部伤害,如电灼伤、电烙印和皮肤金属化等;电击是指电流流过人体内部造成人体内部器官伤害。

(3)电击致死的原因。电击致人死亡的原因有三方面,分别为流过心脏的电流过大、持续时间过长引起心室纤维性颤动而致死,电流作用使人窒息而死亡,以及电流作用使心脏停止跳动而死亡。

(4)流过人体电流的种类。通过人体的电流所引发的后果取决于接触位置电压的强度、流动的电流强度、电流的持续时间、电流的路径和电流的频率。通过人体的电流有以下几种。

①感知电流。感知电流指电流流过人体时可引起感觉的最小电流。感知电流最小值称

为感知阈值。感知阈值:成年男性约为 1.1mA,成年女性约为 0.7mA。当电流为 0.1～0.5mA 时,对人无影响;当电流为 0.5～2mA 时,人体能感觉到电流;当电流为 3～5mA 时,开始有痛感。

②摆脱电流。摆脱电流指人在触电后能够自行摆脱带电体的最大电流。

成年男性平均摆脱电流约为 16mA,成年女性平均摆脱电流约为 10.5mA。

电流在 10～20mA 时,达到松手极限值,人体开始麻木。达到摆脱阈值会触发身体挛缩,这时人无法摆脱电源,电流的作用时间会因此显著延长。

③致命电流。在短时间内危及生命的最小电流即致命电流,其最小值即致命阈值。

致命电流与电流持续时间关系密切。当电流持续时间超过心动周期约 0.8s 时,致命电流仅为 50mA 左右。当电流持续时间短于心动周期时,致命电流为数百毫安。当电流持续时间小于 0.1s 时,只有电击发生在心脏易损期,500mA 以上乃至数安培电流才能够引起心室颤动。

交流电压引发人体内的交流电流,而该电流会触发肌肉和心脏颤动。交流电会非常早地引发心室纤维颤动,如不能及时救治,就会有生命危险。

(5)人体电阻。人体电阻不是一个固定的数值。一般认为,干燥的皮肤在低电压下具有相当高的电阻,约 100kΩ。当电压在 500～1000V 时,人体电阻便下降为 1000Ω。人体表皮具有这样高的电阻是因为它没有毛细血管。手指某些部位的皮肤还有角质层,角质层的电阻值更高,而不经常摩擦部位的皮肤的电阻值是最小的。皮肤电阻还同人体与带电体的接触面积及压力有关。当表皮受损暴露出真皮时,人体内因布满了输送盐溶液的血管而具有很低的电阻。

人体电阻的大小是影响触电后人体受到伤害程度的重要物理因素。人体电阻由体内电阻和皮肤组成,体内电阻基本稳定,约为 500Ω。接触电压为 220V 时,人体电阻的平均值为 1900Ω;接触电压为 380V 时,人体电阻降为 1200Ω。经过对大量试验数据的分析研究确定,人体电阻的平均值一般为 2000Ω 左右,而在计算和分析时,通常取下限值 1700Ω。表 1-2 为人体电阻在不同情况和不同电压下的阻值。

人体电阻在不同情况和不同电压下的阻值　　　　表 1-2

施加于人体电压 (V)	人体电阻(Ω)			
	皮肤干燥	皮肤潮湿	皮肤湿润	皮肤浸入水中
10	7000	3500	1200	600
25	5000	2500	1000	500
50	4000	2000	875	440
100	3000	1500	770	375
250	1500	1000	650	325

2.个人防护用具

(1)绝缘手套。绝缘手套是一种辅助安全用具,用橡胶、乳胶、塑料等绝缘材料做成,具有绝缘防护、防水、防化、防油等功能,起到对手或者人体的保护作用。绝缘手套分为 12kV

绝缘手套和5kV绝缘手套两种,适用于电力、汽车和机械维修、化工、精密安装等行业。

在使用绝缘手套时应注意以下几点:

①使用前须先检查,将绝缘手套朝手指方向卷曲,检查有无漏气或裂口等,如有漏气或裂口,则不能使用;

②戴手套时,将外衣袖口放入手套的伸长部分内;佩戴过程中,注意手套不可让利器割伤,不可长时间触及酸、碱、盐类等化学物品,以免损坏绝缘;

③绝缘手套使用后,一定要做好清理和保存工作,要放在专门的柜子中保存并保证其干燥,切不可将绝缘手套乱丢乱放,更不能与其他工具、杂物堆放在一起,以免造成手套损伤;当手套变脏时,要用肥皂和水温不超过65℃的清水冲洗,然后彻底干燥。

(2)绝缘鞋。绝缘鞋是使用特种橡胶等绝缘材料制作的一种安全鞋,如图1-1所示。绝缘鞋具有良好的绝缘性能和一定的物理强度,以使人体与地面绝缘,主要用于高压电力设备倒闸操作、设备巡视作业中,特别是在雷雨天气巡视设备或线路接地的作业中,能有效防止跨步电压和接触电压对人体的伤害。

(3)绝缘服。绝缘服采用锦纶涂复织物材料,可以防止身体触碰到高压电,同时,该服装耐高压、阻燃、防酸、防碱性能亦佳,如图1-2所示。

图1-1　绝缘鞋　　　　　　　　　　　　图1-2　绝缘服

(4)防护眼镜。防护眼镜是个体防护装备中重要的组成部分,可防止腐蚀液体或电弧伤害眼睛,如图1-3所示。

(5)绝缘帽。绝缘帽可以防止头部触碰到高压电,如图1-4所示。

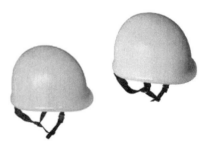

图1-3　防护眼镜　　　　　　　　　　　图1-4　绝缘帽

3. 车间防护设备

新能源汽车常用的车间防护设备主要有防静电工作台、绝缘胶垫、灭火器、隔离带以及车间警示标志等。

（1）绝缘胶垫。绝缘胶垫又称绝缘垫、绝缘胶皮等，如图1-5所示。绝缘胶垫具有较大体积电阻率，耐电击穿，用于配电等工作场合的台面或铺地的绝缘材料，能起到较好的绝缘作用。

（2）静电手环和静电球。静电手环是由导电松紧带、活动按扣、弹簧PU线、保护电阻及插头或鳄鱼夹组成的

图1-5 绝缘胶垫

（图1-6a），是一种用于释放人体所存留的静电以起到保护电子部件作用的小型设备。静电手环分为有绳手腕带、无绳手腕带及智能防静电手腕带，还可按结构不同分为单回路手腕带及双回路手腕带。静电手环一般安装在防静电工作台上，并与之配合使用。

静电球又称为静电消除球或静电释放仪器（图1-6b），是一种在易燃、易爆和防静电场所中用于人体静电释放的产品。使用本产品将人体本身所积累的静电电荷安全地释放掉，避免因人体静电而引发火灾爆炸事故、人体电击事故及减少电子元件的静电损害现象的发生。静电球一般放于相应场所的入口处，所有人员在进入时都应触摸静电球以消除静电。

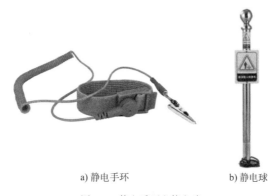

a) 静电手环　　　　b) 静电球

图1-6 静电手环和静电球

（3）防静电工作台。防静电工作台一般配有绝缘胶垫和防静电手环（图1-7），在对新能源汽车电力电子部件或总成进行检测时，其主要功能是疏通静电，将静电从工作台合理地引导到地面，从而避免检测期间所产生的静电击穿电力电子元器件，降低不良品率，也能够避免静电所引发的生产事故。防静电工作台一般具有节能、环保、寿命长、安全、使用方便等特点。

图1-7 防静电工作台

（4）灭火器。灭火器有干粉式灭火器、泡沫式灭火器及二氧化碳灭火器等。干粉灭火器使用方便、有效期长，一般家庭使用的灭火器都是这种类型，如图1-8所示，它适用于扑救各种易燃、可燃液体和易燃、可燃气体火灾及电气设备火灾。泡沫灭火器适用于扑救各种油类火灾和木材、纤维、橡胶等固体可燃物火灾。二氧化碳灭火器灭火性能高、毒性低、腐蚀性小，灭火后不留痕

迹，使用比较方便，它适用于各种易燃、可燃液体和可燃气体火灾，还可扑救仪器仪表、图书档案和低压电气设备引起的火灾。

新能源汽车火灾是指纯电动汽车、插电式混合动力汽车等，由于发生交通事故、自身设备故障或引燃等原因，导致车辆起火，造成人员伤亡和财产损失的灾害。当新能源汽车发生火灾时，应及时报警并根据现场情况救助被困人员。如果火势处于初期起火阶段，且有被困人员，可使用干粉灭火器对火势进行压制；当无被困人员时，可使用干粉灭火器或二氧化碳灭火器对火势进行压制。

(5) 隔离带。隔离带是将车辆高压电气系统的作业场地隔离，防止其他人员随意进入，起到隔离和警示作用，如图1-9所示。

图1-8　干粉灭火器

图1-9　隔离带

(6) 警示标志。警示标志如图1-10所示。警示标志能够显著提醒及警示有关人员车间内的各类危险。

图1-10　警示标志

4.常用仪器和工具

(1)数字绝缘万用表。数字绝缘万用表是一种由电池供电的测量绝缘电阻的仪器,同时其也具有测量电流、电压、电阻及测试电路的通断和二极管测试等功能,如图1-11所示。在新能源汽车检测中,常用绝缘万用表主要用于检查高压系统、高压电缆及线束的绝缘情况。

(2)数字钳形电流表。数字钳形电流表如图1-12所示,它是一种用于测量正在运行的电气线路电流的仪表,可在不断电的情况下测量电流,是专门测量大电流的电工仪器。数字钳形电流表分为直流钳形电流表、交流钳形电流表和交直流钳形电流表三种。

图1-11 数字绝缘万用表　　图1-12 数字钳形电流表

在测量电流时,按以下步骤进行:

①估算电流大小,选择正确量程挡位与电流类型。例如,如果需要测量三相交流驱动电机的交流电流,选择40A量程的交流电流挡。

②打开电流钳,将被测量线路放入电流钳钳口之中。

③启动被测量装置(即让电动汽车处于运行状态),读取电流值;

④如需测量一个变化的电流,应在上一步的基础上按下"MAX"键(读取最大值)后再进行测试。

(3)蓄电池内阻测试仪。蓄电池内阻测试仪能够精确测量蓄电池两端的电压和内阻,并以此来判断蓄电池容量和技术状态。在新能源汽车检修中,可以使用蓄电池内阻测试仪准确测量蓄电池健康状态、荷电状态和连接电阻,精确有效地判断蓄电池容量是否过低。蓄电池内阻测试仪如图1-13所示。

(4)放电工装。放电工装如图1-14所示,它适用于800V以下的电压,常用于新能源汽车高压总成部件的电容放电。高压电容放电时不分正负极,只要接触好电容两极即可。

图1-13 蓄电池内阻测试仪　　　　　　　　　图1-14 放电工装

（5）测电笔。测电笔能够简单、方便、快捷地测量交直流电压。测电笔如图1-15所示。

（6）绝缘工具。由于新能源汽车上的电压等级与传统燃油车不同，在进行新能源汽车维修作业时，需要用满足绝缘等级要求的新能源汽车专用工具，绝缘工具如图1-16所示。

图1-15 测电笔　　　　　　　　　图1-16 绝缘工具

(二)动力蓄电池基本概念

1. 蓄电池结构基本概念

（1）一次电池。只能进行一次放电的电池即一次电池，它不能进行充电而再次被利用。

（2）二次电池。可重复进行充电、放电使用的电池即二次电池，也叫作蓄电池或充电电池。

（3）电芯。它是单个的、电池最小的功能单元，一般可直接使用，也称为电池单体。电芯的基本性能可从容量、电压、内阻、储存性能、循环寿命、温度特性等方面进行考察。

（4）模组。模组由多个电芯并联或串联组合的一个组合体，是电芯与电池包的中间产品。

（5）电池管理系统（Battery Management System，BMS）。电池管理系统，包括硬件、软件和运算法则，主要测量和管理电池包系统内的电芯电压、电流、温度、均衡等，保证电池的可靠性和安全性，防止发生过充、过放、短路和过热等现象。

(6)电池包体。电池包体由电池组、箱体、电池管理系统、电器件及高低压连接器等组成,接收和储存由车载充电机、发电机、制动能量回收装置或外部充电装置提供的高压直流电,并为电驱动系统及电辅助系统提供能量。如图1-17所示,电池包体是新能源汽车动力能源,它为整车驱动和其他用电器提供电能。作为电动汽车核心"三电"系统之一,其作用相当于电动汽车的"心脏",通过化学反应使电能与化学能之间进行能量相互转换,来实现电能的存储和释放,为电动汽车的驱动提供能源。

图1-17 高压蓄电池

(7)电池内阻。电池在工作时,电流流过电池内部所受到的阻力即电池内阻。电池在短时间内的稳态模型可以看作一个电压源,其内部阻抗等效为电压源的内阻,内阻大小决定了电池的使用效率。电池电阻包括欧姆内阻和极化内阻,极化内阻又包括电化学极化内阻和浓差极化内阻。例如,铅酸蓄电池的内阻包括正负极板的电阻、电解液的电阻、隔板的电阻和连接体的电阻等。

2. 蓄电池常见性能概念

(1)工作电压。通常蓄电池在某负载下实际的放电电压是指一个电压范围,例如,铅酸蓄电池的工作电压为1.8~2V;镍氢蓄电池的工作电压为1.1~1.5V;锂离子蓄电池的工作电压为2.75~3.6V。

(2)额定电压。额定电压指蓄电池工作时公认的标准电压。例如,镍镉蓄电池额定电压为1.2V,铅酸蓄电池额定电压为2V。

(3)终止电压。终止电压指蓄电池放电终止时的电压值,其根据放电电流、放电时间、负载和使用要求的不同而不同。以铅酸蓄电池为例:电动势为2.1V,额定电压为2V,开路电压约为2.1V,工作电压为1.8~2V,终止电压为1.5~1.8V。根据蓄电池放电率的不同,其终止电压也不同。

(4)充电电压。充电电压指外电源的直流电压对蓄电池充电的电压。一般蓄电池的充电电压要大于其开路电压,通常在一定的范围内。例如,镍镉蓄电池的充电电压为1.45~1.5V;锂离子蓄电池的充电电压为4.1~4.2V;铅酸蓄电池的充电电压为2.25~2.7V。

(5)蓄电池容量。蓄电池容量指蓄电池在充足电以后,在一定的放电条件下所能释放出的电量,以符号 C 表示,其单位为安时(A·h)或毫安时(mA·h)。蓄电池容量与放电电流大小有关,与充放电截止电压也有关系。蓄电池的容量可分为理论容量、额定容量、实际容量和标称容量。

①理论容量。电极活性物质全部参加蓄电池的电化学反应所能提供的电量即理论容量,是根据法拉第定律计算得到的最高理论值。

②额定容量。额定容量也称保证容量,是指设计和制造蓄电池时,按照国家或相关部门颁布的标准,保证蓄电池在一定的放电条件下能够放出的最低限度的电量。

③实际容量。实际容量是指蓄电池在一定的放电条件下实际放出的电量,它等于放电电流与放电时间的乘积。对于实用中的化学电源,其实际容量总是低于理论容量而通常比额定容量大 10%~20%。蓄电池容量的大小,与正极、负极上活性物质的数量和活性有关,也与蓄电池的结构和制造工艺、蓄电池的放电条件(电流、温度)有关。影响蓄电池容量因素的综合指标是活性物质的利用率。换言之,活性物质利用的越充分,蓄电池给出的容量也就越高。采用薄型电极和多孔电极,以及减小电池内阻,均可提高活性物质的利用率,从而提高蓄电池实际输出的容量。

④标称容量。标称容量(或公称容量)是用来鉴别蓄电池的近似值,在指定放电条件时,一般指 0.2C 放电时的放电容量。

(6)蓄电池比容量。为了比较不同系列的蓄电池,常用比容量的概念。比容量是指单位质量或单位体积的蓄电池所能给出的电量,相应地称为质量比容量或体积比容量。

蓄电池在工作时通过正极和负极的电量总是相等的。但是,在实际蓄电池的设计和制造中,正极、负极的容量一般不相等,蓄电池的容量受容量较小的电极的限制。实际中多为蓄电池正极容量限制整个蓄电池的容量,而负极容量过剩。

(7)蓄电池功率。蓄电池的功率是指蓄电池在一定放电制度下,单位时间内输出的能量,单位为瓦(W)或千瓦(kW)。

(8)蓄电池标称功率。标称功率是指在用电设备正常使用前提下,蓄电池能够长时间工作输出功率的最大值。

(9)蓄电池比功率。单位质量或单位体积蓄电池输出的功率称为比功率,单位为 W/kg 或 W/L。如果一个蓄电池的比功率较大,则表明在单位时间内,单位重量或单位体积中给出的能量较多,即表示此蓄电池能用较大的电流放电。因此,蓄电池的比功率也是评价蓄电池性能优劣的重要指标之一。

(10)蓄电池的自放电率。对于所有化学电源,即使在与外界电路无任何接触的条件下开路放置,其容量也会自然衰减,这种现象叫作自放电。当蓄电池不与外部电路连接时,会由于内部自发反应引起电量损失。蓄电池自放电的大小用自放电率衡量,通常以单位时间内容量减少的百分比表示。

(11)循环寿命。蓄电池的循环寿命也称蓄电池充放电循环寿命,经受一次充电和放电,称为一次循环(或一个周期)。在一定的充放电制度下,蓄电池容量在降至某一规定值之前,蓄电池能耐受的充放电次数即为循环寿命。充放电循环寿命越长,蓄电池的性能越好。

(12)荷电状态。荷电状态(State of Charge,SOC)是剩余电量与额定容量或实际容量的比例。

3. 蓄电池充放电的基本概念

(1)恒定电流充电。恒电流充电也被称为CC(Constant Current)充电,即以恒定电流蓄电池充电,这样会使蓄电池电压渐渐上升,直至电压达到一特定数值。此特定数值的电压视蓄电池物料而定。

(2)恒定电压充电。恒电压充电也被称为CV(Constant Voltage)充电,即以固定电压向蓄电池充电,这样充电电流会渐渐减小,直到电流小于某一程度后充电过程即完成。

(3)充放电倍率。充放电倍率为蓄电池在规定时间内放出其额定容量所需电流的倍数。这个倍数反映了蓄电池充放电的速度,即放电越快,充放电倍率就越大。假设有一块电池的额定容量为10A·h,那么它的充放电倍率可以通过以下公式计算:充放电倍率=充放电电流/额定容量。例如,如果该电池以5A的电流进行放电,那么其充放电倍率为0.5C。

(4)记忆效应。如果蓄电池属铬镍蓄电池,长期不彻底充电、放电,易在蓄电池内留下痕迹。蓄电池在充电前,如果电量没有被完全放掉,久而久之会引起蓄电池容量的降低,因为在蓄电池充放电(特别是放电)过程中,会在蓄电池极板上产生些许的小气泡,这些气泡日积月累便减少了蓄电池极板的面积,也间接影响了蓄电池的容量,因此会降低蓄电池容量。表面看来,蓄电池好像记住了用户日常的充电、放电幅度和模式,日久就很难改变这种模式,因此称之为记忆效应。锂离子蓄电池不存在记忆效应。

(5)过充电。过充电主要是指蓄电池在充电时,在达到充满状态后还继续充电。这样的做法可能导致蓄电池内压升高、蓄电池变形、漏液等情况发生,蓄电池的性能也会显著降低和损坏。锂离子蓄电池被误用或滥用时,可能会导致过充。过充时,由于蓄电池内部产生大量气体,存在爆炸的隐患。

(6)过放电。过放电即过度放电。蓄电池放电时,其储存的电量逐步释放,电压缓慢下降。当电压降低到某一规定值时应停止放电,重新充电以恢复蓄电池的储能状态。低于此规定值继续放电,即为过度放电,过放电可能造成电极活性物质损伤,失去反应能力,使蓄电池寿命缩短。对于锂离子蓄电池,将对其正极、负极造成永久的损坏。

(7)放电深度。一般而言,蓄电池循环是指蓄电池充电后再放电的充放电过程。由于不同条件下蓄电池放电量不一样,为了描述蓄电池放电量的多少,引入放电深度概念,即DOD(Depth of Discharge)。充满电的蓄电池,一次放完电,即为100% DOD;一次放出一半的电量,则为50% DOD。

4. 动力蓄电池的性能评估

比亚迪唐采用磷酸铁锂蓄电池为其动力蓄电池,现以其为例,对动力蓄电池性能进行多项评估。

(1)倍率性能评估。如图1-18所示,磷酸铁锂蓄电池具有极高的能量转换效率(充电-放电一个循环的效率),在0.5C以下充放电倍率,其充放电转换效率达96%以上,作为对比,铅酸蓄电池在此充放电倍率下的转换效率低于80%,所以,磷酸铁锂蓄电池具有良好的节能效果。

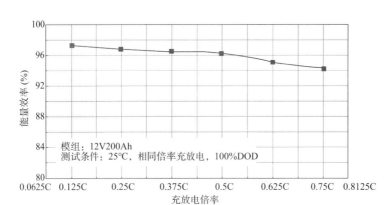

图1-18 倍率性能图

（2）温度特性评估。磷酸铁锂蓄电池采用低阻抗设计，因此，即使在大电流情况下，蓄电池本身的发热也非常小，200Ah的蓄电池以200A的电流充放电，温升也仅在5℃左右，这与其很高的能量效率是一致的。图1-19展示了不同倍率充放电时的温升情况。

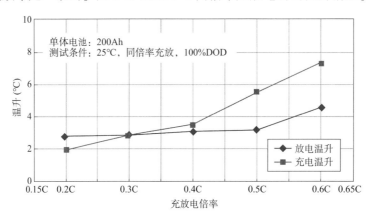

图1-19 充放电温升特性图

（3）循环寿命评估。如图1-20所示，磷酸铁锂蓄电池具有超长的使用寿命，一般手机蓄电池循环次数在500次左右，但磷酸铁锂蓄电池寿命的循环次数可以达到4000次。

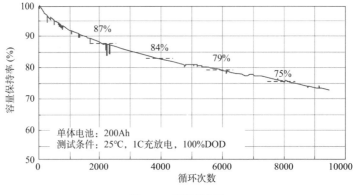

图1-20 循环寿命图

(4)不同SOC下的静态电压特性。如图1-21所示,磷酸铁锂蓄电池在不同的SOC下对应的静态电压不同。测试条件为:环境仓温度为25℃,将动力蓄电池充电到指定SOC后,搁置120min,检测电压值。

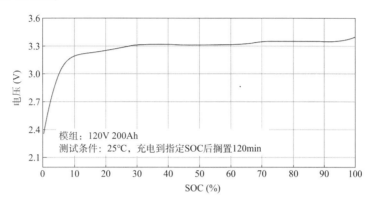

图1-21 不同SOC下的静态电压特性曲线

(5)动力蓄电池安全性能评估。对动力蓄电池的电压采样、温度采样、电池均衡、采样线异常检测等进行评估,确保电池管理系统对蓄电池异常状态具有报警和保护、自检以及通信功能,确保动力蓄电池安全。还应确保动力蓄电池碰撞后短路不起火,因为发生碰撞后,动力蓄电池壳体变形,若变形严重,蓄电池短路,瞬间释放能量,内部将产生气体,气体达到一定量时蓄电池防爆阀启动,气体从防爆阀处泄漏排出,蓄电池不会发生爆炸。

为了确保动力蓄电池具有良好的安全稳定性,在研发过程中需要多次对蓄电池行火烧、短路、针刺、撞击、高温、挤压、过充等极端测试。蓄电池安全性能试验如图1-22所示。

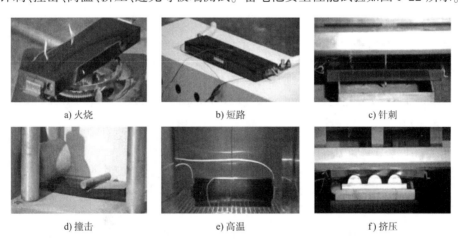

图1-22 蓄电池安全性能试验

(三)动力蓄电池结构

1. 动力蓄电池的外部结构

以比亚迪e6 A/B分布式管理器动力蓄电池包为例,动力蓄电池的整体外部结构如图1-23所示。

(1)维修开关。车型不同,维修开关的位置不同。如:北汽新能源EV200车型,维修开关安装在后排座椅地垫下面中间位置;比亚迪 e6 A/B 分布式管理器动力蓄电池包,维修开关位于动力蓄电池包的中心位置,安装在动力蓄电池和高压控制箱之间,用于维修时切断整车高压电源,保证维修安全。维修开关如图 1-24 所示。其主要作用是在车辆维修时直接断开高压回路,从而保证操作人员的安全。维修开关正常状态时,手柄处于水平位置;需要拔出时,应先将手柄旋转至竖直状态,再向上拔出;需要插上时,应先沿竖直方向用力向下插入,再将手柄旋转至水平状态。

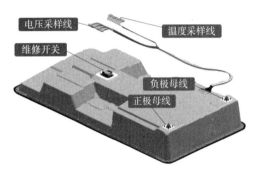

图 1-23　比亚迪 e6 A/B 分布式管理器动力蓄电池包

图 1-24　维修开关

（2）母线。动力蓄电池与外界的连接需要动力蓄电池高压线束,高压线束是连接电动汽车能量源与动力装置的电气通路,主要起传输能量的作用。根据电动汽车高压电气系统对高压线束的使用要求,电动乘用车使用的高压线束应满足以下要求。

①高压大电流的使用性要求。

②抗电磁干扰、防水、抗振、耐磨、阻燃和接触可靠等安全可靠性要求。

高压电缆主要起传输能量的作用,需把蓄电池的能量传输到各个子系统,根据电动汽车高压电缆的使用要求,高压线束必须满足高压大电流传输。电动汽车高压电缆承受的电压较高、电流较大,电磁辐射较强,故电缆的直径明显增大。同时,为了避免电磁辐射对周围电子设备产生强烈电磁干扰,影响其他电子设备正常运行,电缆还设计了抗电磁干扰屏蔽结构,即采用同轴结构,利用内导体和外导体（屏蔽）共同作用,电缆内的磁场呈同心圆分布,而电场从内导体指向并止于外导体,使电缆周围外部的电磁场为零,亦即屏蔽了电磁辐射,从而确保电动汽车正常运行。电动汽车高压电缆材料一般选择硅橡胶,因为硅橡胶的击穿电压高,故具有耐电弧性、耐漏电痕迹性、耐臭氧性,其同时具有良好的耐高低温性,耐高温可达 200℃,绝缘性能良好,在高温高湿条件下性能稳定且阻燃。高压线束由导电层、绝缘层、屏蔽层、保护层组成,其结构如图 1-25 所示。

（3）高压插接器。高压插接器样式如图 1-26 所示。电动汽车对高压插接器性能有非常严格的要求,高插拔次数、载流量、阻燃性能都是高压插接器的重要参数。

由于高压线束传输了大电流,长时间使用会产生过高的使用温度,日积月累会引起高压插接器中的绝缘材料受损,一旦绝缘材料受损,就会降低其绝缘性能,甚至烧毁失效。接触件受热后出现弹性下降,或在接触区形成绝缘薄膜,由于薄膜出现,会降低接触可靠性,增大接触电阻,电流流经大电阻会产生热量,导致使用温度进一步升高。如此恶性循环,最终导致连接接触失效。因此,电动汽车中的高压大电流插接器必须使用大电流接触件。

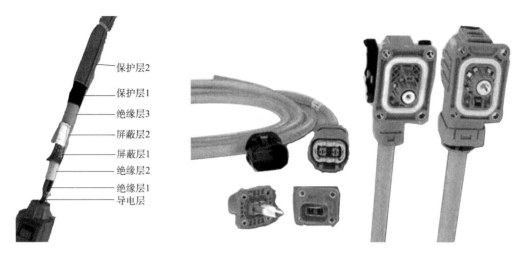

图1-25 高压线束结构　　　　　图1-26 高压插接器

通常接触件的接触形式主要有片式、片簧式和线簧式三种。电动汽车高压大电流插接器较多采用大电流片簧式接触件。片簧式接触件结构如图1-27所示。为提高其自身的屏蔽性能，高压插接器采用金属壳体设计。

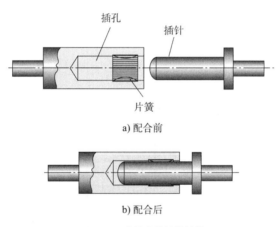

图1-27 片簧式接触件结构

为提高插接器插合界面处的屏蔽性能：

①设计时采用屏蔽簧结构，以保证插头与插座壳体间可靠接触；

②插接器内导体低于外壳界面，防止内导体接触到手指或其他金属，起到一定的保护作用，增加安全性；

③插合后，插座与插头的屏蔽层可靠接触，使插合面与外界屏蔽。

特斯拉车型使用的一种Rosenberger高压插接器，如图1-28所示。这是一种高压新型插接器，目前用于小电机，使用较小的螺栓连接。

（4）采样端子。温度采样线和电压采样线采集信号通过低压插接组件进行低压信号传输（例如控制信号、采集信号等），将信号发送给电池管理系统。低压插接组件如图1-29所示。

图 1-28 Rosenberger 高压插接器

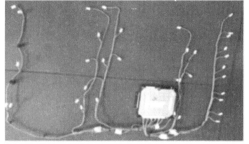

图 1-29 低压插接组件

(5)电池管理系统。电池管理系统的主要功能是在汽车行驶过程中分配能源,协调各功能部分工作的能量管理,使有限的能量源最大限度地得到利用。电池管理系统与电机驱动组模块的中央控制单元配合,一起控制发电和能量回收,即在汽车降速制动和下坡行驶时进行能量回收,从而有效利用能源,提高纯电动汽车的续航能力。电池管理系统还需要充电控制器一同控制充电,为提高蓄电池性能稳定性和延长使用寿命,需要实时监测电源的使用情况,对蓄电池的温度、电解液浓度、蓄电池内阻、蓄电池端电压、当前蓄电池状态参数(电池剩余电量、放电时间、放电电流或放电深度)进行检测,并按照蓄电池对环境温度的要求进行调温控制,通过限流控制,避免蓄电池过充和过放电,对有关参数进行显示和报警。信号流向驾驶室显示操纵台,以便驾驶员随时掌握并配合其操作,按需要及时对动力蓄电池充电并进行维护。

(6)铭牌。动力蓄电池系统铭牌包括动力蓄电池型号、生产日期、电池材料、额定电压、额定能量、重量等信息,如图 1-30 所示。

图 1-30 动力蓄电池铭牌

2. 动力蓄电池的内部结构

动力蓄电池模组是由若干个电芯(又称单体电池)通过串并联后形成。为达到动力蓄电池电压要求,需要将多个单体电池进行串联提升电压,形成电池模组。多个电池模组再串联成电池包,电池包最终组成动力蓄电池。

特斯拉 Model S 电池包体(图 1-31)由 16 个模组串联而成,串联顺序如图 1-32 所示,总电压为 384V,采用圆柱形单体电池。每块模组上的结构由正极、负极、BMB/CAN 连接器、收集板、冷却管组成,如图 1-33 所示。

图 1-31 电池包体内部结构

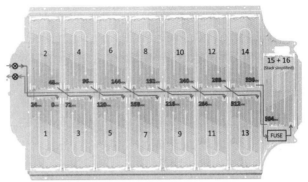

图 1-32 动力蓄电池内部串联顺序

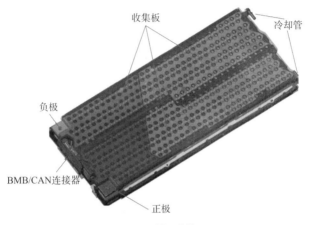

图 1-33 模组结构

动力蓄电池内部具有电流传感器和熔断丝,电流传感器通过测量流过高精度电阻器的电流和电压降来判断整个电池模块的电流。由于需要模数转换器和微控制器来精确计算传感器信号并将其传输到 BMS,因此,电流传感器也常用于测量电池模块电压。熔断丝是防止能量回收过电流或放电过电流。动力蓄电池模块的开关盒配有两个高压继电器和一个机械熔断丝,用于安全地将动力蓄电池模块从电动汽车上断开。熔断丝在发生外部短路时保护动力蓄电池模块和其他部件。外部短路将产生超过额定极限的电流。

(四)不同类型动力蓄电池的特点

1. 蓄电池的分类

(1)按电解质分类。蓄电池按电解质的种类进行分类,可以分为酸性蓄电池、碱性蓄电池、中性蓄电池、有机电解液蓄电池等。

①酸性蓄电池。酸性蓄电池主要以硫酸水溶液为介质,如铅酸蓄电池。

②碱性蓄电池。碱性蓄电池的电解质主要以氢氧化钾水溶液为主,如碱性锌锰蓄电池(俗称碱锰电池或碱性电池)、镍镉蓄电池及镍氢蓄电池等。

③中性蓄电池。中性蓄电池以盐溶液为介质,如锌锰干蓄电池、海水激活电池等。

④有机电解液蓄电池。有机电解液蓄电池主要以有机溶液为介质,如锂离子蓄电池等。

(2)按工作性质和储存方式分类。蓄电池按工作性质和储存方式不同可分为一次电池、二次电池、燃料电池和储备电池。

(3)按材料分类。蓄电池按照正极材料和负极材料的不同,可以分为锌系列电池、镍系列电池、铅系列电池、锂系列电池及二氧化锰系列电池等。

①锌系列电池:如锌锰蓄电池、锌银蓄电池等。

②镍系列电池:如镍镉蓄电池、镍氢蓄电池等。

③铅系列电池:如铅酸蓄电池。

④锂系列电池:如锂离子蓄电池、锂聚合物蓄电池和锂硫蓄电池。

⑤二氧化锰系列电池:如锌锰蓄电池、碱锰蓄电池等。

2. 铅酸蓄电池

(1)铅酸蓄电池的分类。根据铅酸蓄电池作用的不同,可将其分为三种类型:起动式铅酸蓄电池、牵引式铅酸蓄电池和固定式铅酸蓄电池。

(2)铅酸蓄电池的结构。如图 1-34 所示,铅酸蓄电池一般由 3 个或 6 个单体电池串联而成,其主要由电解液、极板、隔板、壳体、极柱等组成。

①电解液。在蓄电池的化学反应中,电解液起到离子间导电的作用,并参与蓄电池的化学反应。铅酸蓄电池的电解液由纯硫酸与蒸馏水按一定比例配制而成。电解液的密度对蓄电池的工作有重要影响,密度大,可减少结冰的危险并提高蓄电池的容量,但密度过大,则黏度增加,反而降低蓄电池的容量,缩短使用寿命。

②极板。极板由活性物质和栅架组成。极板是蓄电池的核心部分,蓄电池充电、放电的化学反应主要是依靠极板上的活性物质与电解液进行的。极板分为正极板和负极板。

③隔板。隔板放在蓄电池正、负极板之间,采用允许离子穿过的电绝缘材料,它能完全或部分地阻挡活性物质,以防止正极板、负极板互相接触造成短路。隔板应耐酸并具有多孔,以利于电解液的渗透。

④壳体。壳体用于盛放电解液和极板组,应耐酸、耐热、耐振。壳体多采用硬橡胶或聚丙烯塑料制成,为整体式结构。壳体上部使用相同材料的电池盖密封。

⑤极柱。极柱是蓄电池与外部导体相连的部件,有正极柱、负极柱。

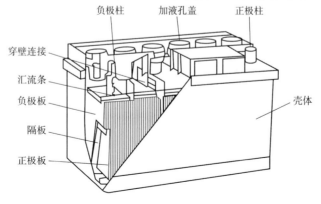

图 1-34 铅酸蓄电池结构

(3)铅酸蓄电池的特点。

①优点:在常用蓄电池中,铅酸蓄电池的电压最高,为2.0V;价格低廉;可制成小至1A·h、大至几千A·h的各种尺寸和结构的蓄电池;高倍率放电性能良好,高低温性能良好;电能效率高达60%;易于识别荷电状态。

②缺点:在电动汽车车体中所占的质量和体积较大,一次充电行驶里程短;使用寿命短,使用成本高;充电时间长;铅是重金属,对环境有污染。

3. 碱性蓄电池

碱性蓄电池是以氢氧化钾等碱性水溶液作为电解液的蓄电池的总称。

(1)镍镉蓄电池。镍镉蓄电池因其碱性氢氧化物中含有金属镍和金属镉而得名。图1-35为镍镉电池结构示意图。镍镉蓄电池的正极为氢氧化镍,负极材料为金属镉或者氧化镉粉以及氧化铁粉,电解液通常为氢氧化钠或者氢氧化钾溶液。

镍镉蓄电池长期不彻底充电、放电,易在蓄电池内留下痕迹,降低蓄电池容量。若镍镉蓄电池长期只放出80%的电量后就开始充电,一段时间后,蓄电池充满电后也只能放出80%的电量。镉是镍镉蓄电池的必备原材料,但有大量研究表明,在人体内,镉的半衰期长达730年,可蓄积50年之久,过量的镉可能引起癌症。

(2)镍氢蓄电池。镍氢(MH–Ni)蓄电池是在镍镉蓄电池的基础上发展起来的,迄今为止,已开发出了圆形和方形的混合动力汽车用的镍氢蓄电池。

镍氢蓄电池的结构如图1-36所示,主要包括以镍的储氢合金为主要材料的负极板、具有保液能力和良好透气性的隔膜、电解液、金属壳体、具有自动密封的安全阀及其他部件。镍氢蓄电池正极板的活性物质为NiOOH(放电时)和Ni(OH)$_2$(充电时),负极板的活性物质为H_2(放电时)和H_2O(充电时),电解液采用30%的氢氧化钾溶液。

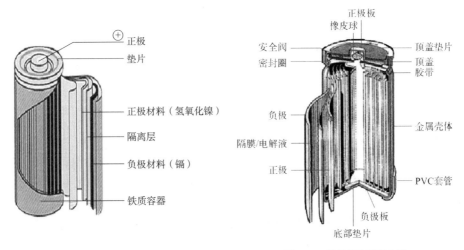

图1-35 镍镉电池结构示意图　　图1-36 镍氢蓄电池结构图

与镍镉蓄电池相比,镍氢蓄电池的优点为:①能量密度高,同尺寸电池,镍氢蓄电池容量是镍镉蓄电池的1.5~2倍;②无镉污染;③可大电流快速充放电,充放电倍率高;④低温性能好,耐过充放能力强。但是,镍氢蓄电池的缺点为自放电,其寿命不如镍镉蓄电池。

4. 锂离子蓄电池

(1) 锂离子蓄电池的分类。

锂离子蓄电池
特性介绍

① 根据锂离子蓄电池所用电解质材料不同,锂离子蓄电池可以分为液态锂离子蓄电池和聚合物锂离子蓄电池。

② 根据锂离子蓄电池的形状不同,锂离子蓄电池分为圆柱形锂离子蓄电池、方形锂离子蓄电池和软包形锂离子蓄电池。表 1-3 为三种结构锂离子蓄电池的优点和缺点。

三种结构锂离子蓄电池的优点和缺点　　表 1-3

优、缺点	蓄电池结构		
	圆柱形	方形	软包形
优点	工艺成熟度高、生产效率高,过程控制严格,成品率及电芯一致性高,壳体结构成熟,工艺制造成本低	对电芯的保护作用高,可以通过减少单体电池的厚度保证内部热量的快速传导,电芯的安全性能有较大的改善	外部结构对电芯的影响小,电芯性能优良,封装采用的材料质量要小,蓄电池的能量密度最高
缺点	集流体上电流密度分布不均匀,造成内部各部分反应程度不一致;电芯内部产生的热量很难得到快速释放,热量累积会造成电流的安全隐患	壳体在电芯总重中所占的比例较大,导致单体电池的能量密度较低,内部结构复杂,自动化工艺成熟度相对较低	大容量蓄电池制造工艺难度增加,可靠性相对较差;所采用的铝塑复合封装膜及其机械强度低,铝塑复合膜的寿命制约了蓄电池使用寿命

③ 根据锂离子蓄电池的正极材料不同,锂离子蓄电池分为钴酸锂蓄电池、锰酸锂蓄电池和磷酸铁锂蓄电池。

a. 钴酸锂蓄电池。钴酸锂蓄电池的正极为钴酸锂聚合物,负极为石墨。其优点为:结构稳定,化学性能优越,能量密度高,比容量高。其缺点为:成本高,热稳定性较差,安全性较差。钴酸锂蓄电池的充放电曲线如图 1-37 所示。钴酸锂蓄电池充电时终止电压为 4.2V。放电时,钴酸锂蓄电池电压达到 3.6V 后会迅速下降,终止放电电压约为 2.75V。

b. 锰酸锂蓄电池。锰酸锂蓄电池的正极为钴锰酸锂,负极为石墨。其优点为:其正极材料资源丰富,成本低,无污染,安全性能好。其缺点为:锰酸锂蓄电池的材料本身不太稳定,容易分解产生气体,循环寿命衰减较快,高温稳定性较差。锰酸锂蓄电池的充放电曲线图如图 1-38 所示,锰酸锂蓄电池充电时曲线较为平缓,充电终止电压为 4.2V 左右。放电时,在电压低于 3.6V 时,锰酸锂蓄电池电压值会迅速下降,放电终止电压约为 2V。

c. 磷酸铁锂蓄电池。磷酸铁锂蓄电池的正极为磷酸铁锂,负极为石墨。其优点为:磷酸铁锂蓄电池是锂离子蓄电池中安全性能最好的蓄电池,使用寿命长,高温性能好,容量较大,无记忆效应。其缺点为:低温性能较差,能量密度小。其充放电曲线图如图 1-39 所示。磷酸铁锂蓄电池充电时终止电压约为 3.6V,放电终止电压约为 2.0V。

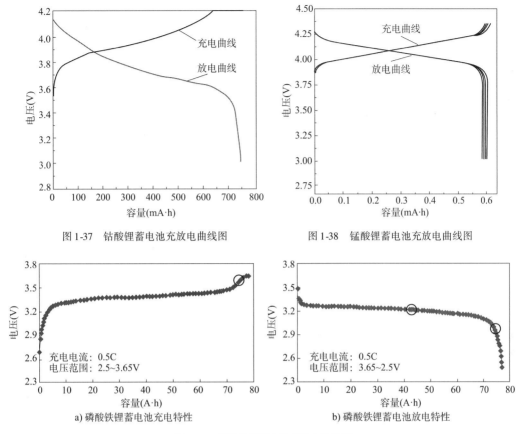

图1-37 钴酸锂蓄电池充放电曲线图

图1-38 锰酸锂蓄电池充放电曲线图

a) 磷酸铁锂蓄电池充电特性

b) 磷酸铁锂蓄电池放电特性

图1-39 磷酸铁锂蓄电池充放电曲线图

d. 三元锂蓄电池。三元锂蓄电池的正极为镍钴锰酸锂,负极为石墨。三元锂蓄电池的优点为安全性高,循环稳定性强,有价格优势。其缺点为:耐高温性较差,寿命较短。三元锂蓄电池的充放电曲线图如图1-40所示。三元锂蓄电池的充电终止电压为4.2V左右,放电终止电压为2.5V左右。

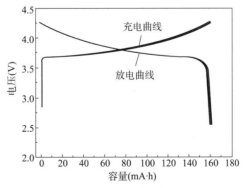

图1-40 三元锂蓄电池充放电曲线图

由于锂离子蓄电池优点较多,许多新能源汽车均选用锂离子蓄电池为动力蓄电池。表1-4为典型车型的动力蓄电池类型对比。

电动汽车典型动力蓄电池类型对比　　　　　　　　　　表1-4

对比项	动力蓄电池类型			
	钴酸锂蓄电池	锰酸锂蓄电池	磷酸铁锂蓄电池	三元锂蓄电池
标称电压(V)	3.7	3.7	3.2	3.7
充电终止电压(V)	4.2	4.2	3.6	4.2
放电终止电压(V)	2.75	2	2	2.5
优点	结构稳定,容量比高,综合性能突出,电化学性能优越,加工性能优异,振实密度大,能量密度高	振实密度大,成本低	寿命长、充放电倍率大、安全性好、高温性好、元素无害、成本低	高低温、循环、存储及各项电性能都比较平均,体积比能量高,材料价格适中并且性能稳定
缺点	安全性差,成本高	耐高温性差、锰酸锂长时间使用后温度急剧升高,电池寿命衰减严重	能量密度低,振实密度小,低温使用性差	耐高温性差,寿命短,大功率放电差,元素有毒
典型车型	特斯拉 Model S	启辰晨风	小鹏 G9	北汽 EV200

(2)锂离子蓄电池的结构。

如图1-41所示,锂离子蓄电池由正极、负极、隔板、电解液和保护阀等组成。

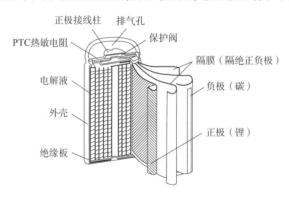

图1-41　锂离子蓄电池的结构

(3)锂离子蓄电池的特点。

①工作电压高。钴酸锂蓄电池工作电压为3.6V,锰酸锂蓄电池工作电压为3.7V,磷酸铁锂蓄电池工作电压为3.2V。

②比能量高。锂离子蓄电池的理论比能量可达200W·h/kg以上,实际应用中也可达140W·h/kg。

③循环寿命长。锂离子蓄电池的深度放电循环次数可达1000次以上;其低放电深度循环次数可达上万次。

④自放电小。锂离子蓄电池的月自放电率仅为总容量的5%~9%。

⑤使用方便。锂离子蓄电池可以根据要求随时充电,其性能不会降低。

⑥对环境无污染。锂离子蓄电池电解液中不含汞、铅、镉等有害元素,可以说它是真正意义上的绿色电池。

5. 飞轮储能电池

飞轮储能电池是20世纪90年代提出的一种新概念电池,属于物理电池。简单地说,它使用的原理与飞轮旋转时产生的能量相似,以实现其自身的充放电。飞轮储能电池是一种典型的机电一体化装置,由飞轮电池本体、电力/电子转换装置和控制器三部分组成。飞轮储能电池主体主要由飞轮、电动/发电机、真空容器和磁悬浮轴承组成。飞轮储能电池结构图如图1-42所示。

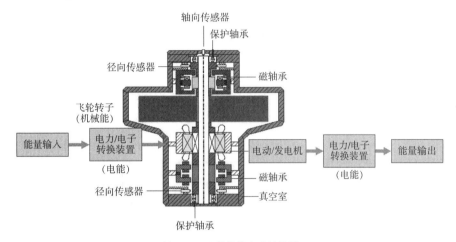

图1-42 飞轮储能电池结构图

(1)飞轮储能电池的工作原理。飞轮储能电池的工作过程是:电力/电子转换装置在控制器的作用下,飞轮储能电池中的电动/发电机在外部电源的驱动下,以电动机形式运转,电动机带动飞轮高速旋转,飞轮完成储存动能的过程,即用电给飞轮储能电池进行充电。之后,飞轮以较低的损耗处于能量保持状态,直到当汽车负载需要能量时,飞轮带动电动/发电机旋转,电动/发电机以发电机的形式旋转,将动能转化为电能,对外输出电能,完成机械能(动能)到电能的转换,并通过电力/电子转换装置将电能转换成汽车各种负载所需的电压来驱动负载工作。当飞轮储能电池发电时,飞轮转速逐渐下降,飞轮储能电池的飞轮是在真空环境下运转的,转速极高(高达20万r/min,使用的轴承为非接触式磁悬浮轴承)。

飞轮储能电池充电速度快,放电完全,非常适合在混合动力电动汽车上使用。车辆在正常运行和制动时对飞轮储能电池充电,在加速或爬坡时由飞轮储能电池为车辆提供动力,确保车辆以稳定、最佳的速度运行,从而降低油耗、空气和噪声污染,并可减少维修和延长寿命。

(2)飞轮储能电池的优点。飞轮储能电池兼顾了化学电池、燃料电池和超导电池等储能装置的诸多优点,主要表现在以下几个方面。

①能量密度高。飞轮储能电池储能密度可达 $100 \sim 200W \cdot h/kg$,比功率可达 $5000 \sim 10000W/kg$。

②能量转换效率高。飞轮储能电池工作效率高达90%。

③工作温度范围宽。飞轮储能电池对环境温度没有严格要求。

④使用寿命长。飞轮储能电池不受重复深度放电影响,能够循环几百万次运行。

⑤低损耗、少维护。飞轮储能电池的磁悬浮轴承和真空环境使机械损耗可以被忽略,系统维护周期长。

但是,就目前的技术而言,飞轮储能电池还没有在电动汽车得到广泛的应用。

6.燃料电池

燃料电池是一种将燃料所含的化学能直接转化为电能的化学装置。它也被称为电化学发生器。

(1)燃料电池的特点及分类。燃料电池的两个电极由固体或液体电解质分开,电解质之间带电荷。在电极上,通常使用催化剂来加速电化学反应。在两个电极之间的电位差作用下,电子通过外部电路流向阴极或负极。在阴极,正离子和氧结合产生反应物或废气。这种电化学反应与氢在氧中的剧烈燃烧反应完全不同,只要阳极持续地输入氢气,阴极持续地输入氧气,电化学反应就将持续进行,生成的电子将不断通过外部电路流动形成电流,不断地向汽车供电。

根据电解质的不同,燃料电池可分为质子交换膜燃料电池(PEMFC)、熔融碳酸盐燃料电池(MCFC)、固体氧化物燃料电池(SOFC)等。随着燃料电池技术的发展,汽车燃料电池还必须具有比能量高、工作温度低、启动快、无泄漏等特点。在众多燃料电池中,质子交换膜燃料电池(PEMFC)具有以上这些特点,被认为是最适合作为电动汽车的燃料电池。

(2)质子交换膜燃料电池。质子交换膜燃料电池的内部结构主要由质子交换膜、阴极、阳极、阴极流场板、阳极流场板以及阴极和阳极催化剂层组成。质子交换膜燃料电池主要通过氢气与氧气发生化学反应来产生电能,其内部结构如图1-43所示。

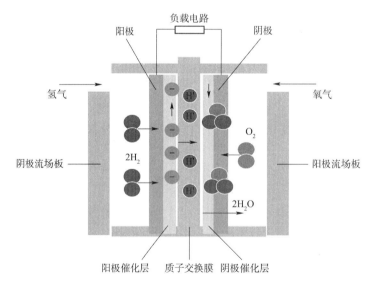

图1-43 质子交换膜燃料电池的内部结构

质子交换膜燃料电池工作原理如图1-44所示。氢气从氢气进口进入装置后在阳极失电子变成氢离子,氢离子穿过质子交换膜在阴极同氧气以及经过外电路来到阴极的电子一起发生反应生成水,反应的进行伴随着电流的生成,反应产物只有水。

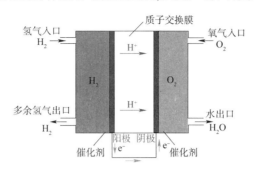

图 1-44 质子交换膜燃料电池的工作原理

质子交换膜燃料电池的优点有:①能量转化效率高;②唯一的排放物是水,没有污染物排放;③运行噪声低,可靠性高;④质子交换膜燃料电池内部的构造简单,电池组的组装和维护都非常方便;⑤发电效率平稳,受到负荷的影响较小。

质子交换膜燃料电池的缺点有:①成本高,膜材料和催化剂的成本较高;②对氢的纯度要求高,质子交换膜燃料电池需要纯净的氢,容易受到杂质的污染。

(3)熔融碳酸盐燃料电池。熔融碳酸盐燃料电池(MCFC)是由多孔陶瓷阴极、多孔陶瓷电解质隔膜、多孔金属阳极、金属极板构成的燃料电池。其结构如图 1-45 所示。

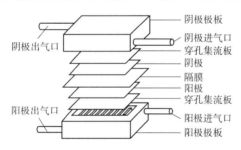

图 1-45 熔融碳酸盐燃料电池的内部结构

熔融碳酸盐燃料电池的工作原理如图 1-46 所示。氧化剂中的 O_2 和 CO_2 在阴极与电子进行氧化反应产生 CO_3^{2-},电解质板中的 CO_3^{2-} 直接从阴极移动到阳极,燃料气中的 H_2 与 CO_3^{2-} 在阳极发生反应,生成了 CO_2、H_2O 和电子。电子被集流板收集起来,然后到达隔板。

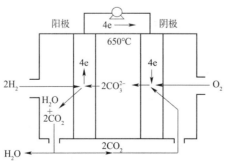

图 1-46 熔融碳酸盐燃料电池的工作原理

熔融碳酸盐燃料电池(MCFC)是一种高温电池(600~700℃),具有效率高(高于40%)、噪声低、无污染、燃料多样化(氢气、煤气、天然气和生物燃料等)、余热利用价值高和电池材料价廉等优点。

(五)动力蓄电池维护流程

电动汽车行驶到一定里程后,都会出现动力蓄电池性能衰减,为了保证续航里程,需要对动力蓄电池进行维护。动力蓄电池维护是汽车维修工作的重要环节,也是新能源汽车维护的必要内容。动力蓄电池维护是一项技术任务,维修人员要按照要求进行操作,同时,还需要注意采取安全措施,以确保动力蓄电池维护的安全性。通常,动力蓄电池维护分为日常的常规维护和周期性的强制维护。

1. 常规维护

常规维护的操作流程如下。

(1)任务准备。

检查工位设备及安全防护用品,保证两人以上进行作业,准备好必要的工具和器材,如绝缘工具、绝缘手套、护目镜等。同时,要确保操作环境通风良好,以防止有毒气体的积聚。

(2)高压系统断电。

在拆卸电动汽车动力蓄电池之前,首先需要切断电源,确保电动汽车处于断电状态。这是为了防止在对动力蓄电池维护操作过程中发生意外,确保施工人员的安全。

(3)动力蓄电池外观检查。

验证高压是否已经断电后,举升车辆,用干布将动力蓄电池表面清洁干净,确保动力蓄电池没有受到外界因素影响,然后,对其进行外观检查。

①检查动力蓄电池箱的密封性能。为保证动力蓄电池箱密封性能良好,防止进水、影响通信,通过真空检漏法检查密封条的密封情况。

②检查动力蓄电池螺栓的紧固状态。检查动力蓄电池螺栓紧固是否可靠,用扭力扳手按规定次序和维修手册要求力矩紧固螺栓。

③检查动力蓄电池外部高低压接插件状态。检查动力蓄电池外部高低压输出接插件线束及插件连接应无松动、破损、腐蚀等问题,检查线束与插针是否连接牢固、插针是否出现退针、弯曲等现象。

④检查动力蓄电池外部绝缘性。为避免动力蓄电池漏电,防止线路及内部短路,需要对动力蓄电池高压母线的绝缘性能进行检查。

⑤动力蓄电池性能检测。为确保电动汽车通信质量,在整车高低压断电、放电后,根据端口针脚定义,用万用表"Ω"挡测量新能源 CAN_H 对新能源 CAN_L 电阻,若阻值为 120Ω 左右,则 CAN 网络电阻正常,否则,需要修复或更换,同时应对电池管理系统的信息进行分析。

2. 强制维护

动力蓄电池除了日常维护之外,还有周期性的强制维护,在北汽 EV200 的维修手册上,指出强制性的周期维护包括以下内容。

(1)动力蓄电池定期充放电、单体电池一致性测试。

目的:检测各个单体电池的充放电是否具有一致性。

说明：定期对动力蓄电池满充、满放一次。

工具：专用检测仪。

（2）动力蓄电池内部温度采集点检查。

目的：确保测温点工作正常，采集点合理。

方法：电脑监控温度与红外热像仪温度对比，检查温感精度。

工具：笔记本电脑、CAN卡、红外热像仪。

（3）动力蓄电池内部除尘。

目的：防止内部粉尘较多，影响通信。

方法：用压缩空气进行清理。

工具：空气压缩机。

（4）继电器测试。

目的：防止继电器损坏而造成车辆无法正常上高压。

方法：使用万用表"Ω"挡检测总正和总负继电器的线圈电阻，如损坏，应予以更换。

工具：万用表、笔记本电脑、CAN卡。

（5）其他动力蓄电池内零部件检查。

目的：保证辅助性的部件可正常使用。

方法：检查是否有松动、破损、脱落等情况。

工具：螺丝刀、扭力扳手。

（6）动力蓄电池保温检查。

目的：检查电池包内部边缘保温棉（图1-47）是否脱落、损坏等，若损坏，则需修复或更换，以保证保温材料的完整性和可靠性，避免温度过低引起的蓄电池电量加速损耗。

方法：目测检查电池包内部边缘保温棉是否脱落、损坏。

工具：目测。

（7）电芯防爆膜、外观检查。

目的：为防止电芯损坏导致漏电而影响动力蓄电池性能，需要检查电芯防爆膜、电芯外观绝缘是否破损。

方法：目测可见电芯防爆膜、电芯外观绝缘是否破损，如图1-48所示。

工具：目测。

图1-47 动力蓄电池内部边缘绝缘棉

图1-48 电芯检查

(8)电池包内部干燥性检查。

目的:确保动力蓄电池内部无水渍。

方法:打开电池包,目测观察动力蓄电池内部是否有积水,测量电池包绝缘。

工具:绝缘表。

(9)动力蓄电池加热系统测试。

目的:冬季气温较低,动力蓄电池电量损耗速度快,因此,需要确保动力蓄电池加热系统工作正常,避免影响充电。

方法:动力蓄电池通12V电,打开监控软件,启动加热系统,目测风扇是否正常。

工具:12V电源、笔记本电脑、CAN卡。

(六)动力蓄电池维护规程

动力蓄电池维护过程中,需要遵守以下操作规程:

(1)需要穿戴好防护用品,以防止受到电击;

(2)必须两人操作,一人监护,一人操作;

(3)要严格按照汽车生产厂家的要求进行操作,以确保动力蓄电池的安全性;

(4)因为动力蓄电池是高压电器件,维护操作前需要断开高压并采用适当的防护措施;

(5)举升车辆前,应将举升机支撑块调整移动对正该车型规定的举升点;

(6)遇到不合理作业要及时指出并予以制止,避免发生危险;

(7)禁止正负对接,避免正极或负极经人体对地,注意防酸碱,使用工业"防碱手套",并佩戴护目镜。

四、任务计划决策

1. 动力蓄电池维护任务计划

根据前面理论知识的学习,获取关键信息,对工作内容进行汇总分类,制订动力蓄电池维护的工作计划。该工作计划包括所需要的物料清单、工作顺序、工具检查、每一步检查部位的检查点、检查规范和标准、检查结果、检查时间、成本核算、安全与环保、注意事项等,并完成动力蓄电池维护任务的配件清单和动力蓄电池维护操作的计划表。

2. 动力蓄电池维护任务决策

站在企业的角度,确认工作任务计划方案实施的可行性。决策内容包括:设备清单,操作步骤的正确性、规范性和合理性,安全和环保注意事项,工作任务的时间控制和成本控制等工作计划中具体内容,并完成动力蓄电池维护的任务决策表。

五、任务实施

1. 动力蓄电池维护任务实施

下面以北汽EV200为例,按照动力蓄电池维护流程来实施操作。

(1)任务准备。

①场地准备。操作前首先设置好隔离栏和安全警示牌,检查灭火器,同时,确保操作环

境通风良好。

②检查防护套装。操作人员必须持证上岗,穿好绝缘鞋和绝缘服,检查绝缘手套的气密性、耐压等级、生产日期等,检查护目镜、安全帽有无破损等。

> **警告**:监护人员及维修人员必须持有有效的《特种作业操作证(电工)》与《初级(含)以上电工证》(职业资格证书),严禁无证进行维修操作。

③检查工具套装。对绝缘测试仪进行开路测试和短路测试,对数字万用表进行校零,检查绝缘工具是否齐全、完好等。

④检查设备。检查举升机、动力蓄电池举升车是否完好。

⑤做好安全防护。安装车辆挡块,安装好翼子板布、格栅布,安装好座椅套、转向盘套、换挡杆套、脚垫纸等,检查电子驻车制动和挡位,降下驾驶员侧车窗玻璃。

(2)高压系统断电。

①关闭一键起动开关并拔掉钥匙,放在合适的位置,如图1-49所示。

②断开低压蓄电池负极,用绝缘带将负极堆盖住,断开车辆的电压控制电源,防止二次上电,如图1-50所示。

③等待5min,让控制器里的电容能够充分放电。

④检查并戴好绝缘手套,拆开中控储物盒盖板,拔掉维修开关,将拆下的维修开关放在安全的地方,防止重新接通。

图1-49 关闭一键起动开关

图1-50 断开低压蓄电池负极

(3)动力蓄电池外观检查。

①对好四个支臂位置,将车辆举升至离地面20~30cm时停止举升,检查举升点是否正常;检查正常后,继续举升至工作高度,落锁。

②清洁动力蓄电池的底部,如图1-51所示。检查动力蓄电池底部是否有磕碰、划伤或者损坏;检查外壳有无裂痕、磕碰、凹陷、凸起等;检查下托盘边缘有无变形、开裂,底部有无凹陷变形;检查下托盘压条螺钉有无松动;检查动力蓄电池标识是否清晰,有无破损。

> **注意事项**:
> 1.在进行举升车辆作业时,严格按照举升机使用规范进行操作。
> 2.小组作业时必须注意人员、车辆及设备安全使用规范。
> 3.清洁动力蓄电池底部时请用干布擦拭表面,切勿带水进行或者使用刺激性化学品,以免对蓄电池造成损害。

图1-51 清洁动力蓄电池底部

（4）检查动力蓄电池的密封性能。

①连接真空表组件及气泵管路,如图1-52所示。

②调节气压在400kPa左右。

图1-52 连接并调节密封性检测设备

③打开真空表组开关,抽真空3~5min,如果负压达不到-40kPa,说明密封不严。

④若负压真空度达到-40kPa,应关闭真空表组开关,保持10min左右,检查负压真空度应该在-10kPa以内,说明密封性能良好。

⑤若无真空负压或回到0kPa,说明密封不严,需要检查动力蓄电池盖螺栓是否紧固。

⑥如果动力蓄电池盖螺栓紧固为正常力矩,则需要更换密封条。

（5）检查动力蓄电池螺栓的紧固状态。

螺栓标准力矩为95~105N·m,用扭力扳手按规定次序和维修手册要求力矩紧固螺栓,如图1-53所示。

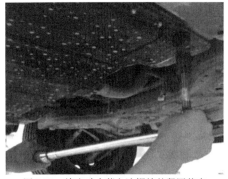

图1-53 检查动力蓄电池螺栓的紧固状态

（6）检查动力蓄电池外部高低压插接件。

①戴好绝缘手套,逆时针旋转线束插接器,断开动力蓄电池低压控制线束插接器,如图1-54所示。检查采样线接口有无破损。

②检查低压插接器是否有退针、倒针、锈蚀和烧蚀情况,如图1-55所示。检查线束与插针是否连接牢固,插针是否出现退针、弯曲等现象。

③拔下动力蓄电池高压母线插接器,如图1-56所示。检查正、负极引出线附近螺栓有无断裂。

④检查高压母线插接器导电环是否有锈蚀、烧蚀情况,如图1-57所示。

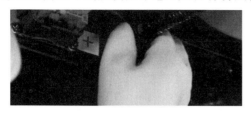 

图1-54　断开动力蓄电池低压控制线束插接器　　　　图1-55　检查低压插接器

图1-56　拔下动力蓄电池高压母线插接器　　　　图1-57　检查高压母线插接器导电环

(7)检查动力蓄电池外部绝缘性,如图1-58所示。

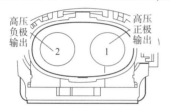 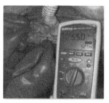 

图1-58　检查动力蓄电池外部绝缘性

①拔下高压母线,根据端口针脚定义,用数字绝缘表分别检测总正、总负对地电阻值。

②将绝缘表黑表笔接于车身,红表笔测量1端子高压正极的绝缘电阻为550MΩ,大于标准值1.4MΩ,若不合格,则需修复或更换。

③将绝缘表黑表笔接于车身,红表笔测量2端子高压负极的绝缘电阻为550MΩ,大于标准值1.0MΩ,若不合格,则需修复或更换。

(8)性能检验。

①连接故障诊断仪,按下启动开关。

②打开诊断软件,进入BMS,读取BMS的相关数据,如图1-59所示,并记录异常数据。

图1-59　读取BMS的相关数据

2.动力蓄电池维护任务工单

(1)完成动力蓄电池维护任务实施方案工单。

在实施动力蓄电池维护任务实操之前,完成实施方案工单,见表1-5。

动力蓄电池维护任务实施方案工单　　　　表1-5

班级			姓名		
学号			指导教师		
项目名称	动力蓄电池维护		工作任务	动力蓄电池维护任务实施方案	

1.动力蓄电池维护任务配件清单

序号	名称	品牌	型号	数量	备注
1					
2					
3					
4					
……					

2.动力蓄电池维护操作计划表

序号	操作步骤及内容	工具设备	技术标准、规范	注意事项
1				
2				
3				
4				
……				

3.动力蓄电池系统故障检修任务决策表

决策类型	决策方案
与师傅一起决策	
改进建议或决策结果	

(2)完成动力蓄电池维护任务工单。

在实施动力蓄电池维护任务过程中,完成任务实操工单,见表1-6。

学习任务1 动力蓄电池维护

动力蓄电池维护任务工单

表1-6

班级		姓名	
学号		指导教师	
项目名称	动力蓄电池维护	工作任务	动力蓄电池维护实操

1. 任务准备

作业内容	操作要点	结果记录
场地准备	设置隔离栏	□正常　□异常：_____
	设置安全警示牌	□正常　□异常：_____
	检查灭火器	□正常　□异常：_____
检查防护套装	绝缘手套的检查：气密性、耐压等级、生产日期等	□正常　□异常：_____
	护目镜的检查	□正常　□异常：_____
	安全帽的检查	□正常　□异常：_____
	穿着绝缘服、绝缘鞋	□正常　□异常：_____
检查工具套装	绝缘测试仪检测："TEST"功能检测、开路绝缘电阻、短路绝缘电阻	□正常　□异常：_____
	万用表检测和校零	□正常　□异常：_____
	绝缘工具是否齐全	□正常　□异常：_____
检查设备	举升机功能检查	□正常　□异常：_____
	动力蓄电池举升车检查	□正常　□异常：_____
安全防护	安装车辆挡块	□正常　□异常：_____
	安装翼子板布、格栅布	□正常　□异常：_____
	安装座椅套、转向盘套、换挡杆套、脚垫纸	□正常　□异常：_____
	检查电子驻车	□正常　□异常：_____
	检查是否在P挡	□正常　□异常：_____
	降下驾驶人侧车窗玻璃	□正常　□异常：_____

2. 高压断电

作业内容	操作要点	结果记录
填写车辆信息	车辆VIN码	
	品牌	
	动力蓄电池工作电压	
	前舱插头连接情况	□正常　□异常：_____
记录仪表信息（起动后）	READY指示灯	□点亮　□不亮　□点亮后熄灭
	系统故障指示灯	□点亮　□不亮　□点亮后熄灭
关闭一键起动开关	关闭一键起动开关并妥善保管钥匙	□完成　□未完成：_____
断开低压蓄电池负极	断开低压蓄电池负极，并做好安全防护	□完成　□未完成：_____
等待电容放电	等待5min	□完成　□未完成：_____
断开维修开关	戴上绝缘手套，拔掉维修开关	□完成　□未完成：_____

续上表

3. 动力蓄外观检查

作业内容	操作要点	结果记录
举升车辆	对好四个支臂位置,举升20~30cm后确认	□完成 □未完成:_____
清洁动力蓄电池的底部	用干布擦拭表面	□完成 □未完成:_____
检查动力蓄电池底部	是否有磕碰、划伤或者损坏	□完成 □未完成:_____
检查动力蓄电池外壳	有无裂痕、磕碰、凹陷、凸起	□完成 □未完成:_____
检查下托盘边缘	无变形、开裂,底部有无凹陷变形,螺钉有无松动	□完成 □未完成:_____
检查动力蓄电池标识	是否清晰,有无破损	□完成 □未完成:_____

4. 检查动力蓄电池的密封性能

作业内容	操作要点	结果记录
连接真空表组件及气泵管路	正确使用工具	□完成 □未完成:_____
	调节气压至400kPa	□完成 □未完成:_____
读取数值	打开真空表组开关,抽真空3~5min	实测值:_____kPa; 标准值:_____kPa

5. 检查动力蓄电池螺栓的紧固状态

作业内容	操作要点	结果记录
依次检查螺栓紧固状态	正确使用工具	□完成 □未完成:_____
	螺栓标准力矩为95~105N·m	□完成 □未完成:_____

6. 检查动力蓄电池外部高低压插接件和外部绝缘性

作业内容	操作要点	结果记录
记录铭牌信息(动力蓄电池)	(动力蓄电池)标称电压	_____V
	(动力蓄电池)电池容量	_____A·h
检查插接件	动力蓄电池高压连接器	□正常 □异常:_____
	动力蓄电池低压连接器	□正常 □异常:_____
检测动力蓄电池线束绝缘电阻	动力蓄电池HV+与车身接地间绝缘电阻	实测值:_____Ω; 标准值:_____Ω
	动力蓄电池HV-与车身接地间绝缘电阻	实测值:_____Ω; 标准值:_____Ω

7. 动力蓄电池性能检查

作业内容	操作要点	结果记录
测量CAN终端电阻	CAN_H和CAN_L针脚进行电阻检测	实测值:_____Ω; 标准值:_____Ω
记录自诊断信息(电池管理系统)	故障码查询(清除故障码后再次读取):	□无故障码 □有故障码:_____
安装动力蓄电池等电位线	按照手册要求的力矩安装	□完成 □未完成:_____

续上表

安装动力蓄电池高压连接器	戴好绝缘手套； 卡口要锁止； 先装高压连接器,再装低压连接器	□完成 □未完成：_____	
安装动力蓄电池低压连接器	卡口锁止； 先装高压连接器,再装低压连接器	□完成 □未完成：_____	
恢复工位	升起驾驶人侧车窗玻璃	□完成 □未完成：_____	
	关闭一键起动开关	□完成 □未完成：_____	
	拆卸翼子板布、格栅布	□完成 □未完成：_____	
	拆卸座椅套、转向盘套、换挡杆套、脚垫纸	□完成 □未完成：_____	
	移除高压安全警示标识	□完成 □未完成：_____	
	工具设备等所有物品都放在指定位置,做好5S	□完成 □未完成：_____	

六、任务检查交付

1. 动力蓄电池维护任务检查

依据任务计划单、实施流程、企业维修手册等,对动力蓄电池维护任务的完成情况进行检查,并记录存在的问题及改进意见,完成任务检查单,见表1-7。

动力蓄电池维护任务检查单　　　　　　　　　　　　　　　　表1-7

检查项目	检查内容	问题记录	处理意见
任务实施过程			
质量标准			
任务结果			

2. 动力蓄电池维护任务交付

技师完成任务实施后,需要将车辆移交给质检员做最后的检查。在交付车辆前,需要向质检员交接以下项目,并完成车辆交付单,见表1-8。

车辆交付单　　　　　　　　　　　　　　　　表1-8

交付项目	检查结果	交车确认
维修项目全部完成	□是 □否	签字：
车辆清洁	□外观 □烟灰缸 □内饰 □前舱	
增值服务完工确认	□车辆健诊服务 □售后服务六件套 □维护里程及时间提醒设置更新	

(1)核实检查《任务委托书》,以确保顾客委托的所有维护项目的书面记录都已完成,并

有质检员签字。

(2) 实车核对《任务委托书》,以确保顾客委托的所有维护项目在车辆上都已完成。

(3) 确认动力蓄电池已维护,必要时试车。

(4) 确认从车辆上更换下来的旧件。

(5) 确认车辆内外清洁度(包括无灰尘、油污、油脂)。

(6) 其他检查:除车辆外观外,不遗留抹布、工具、螺母、螺栓等。

七、总结评价

1. 动力蓄电池维护任务总结

(1) 高压安全常识。

① 高压安全相关概念。

② 个人防护用具。

③ 车间防护设备。

④ 常用仪器和工具。

(2) 动力蓄电池的基本概念。

① 蓄电池结构。

② 蓄电池常见性能概念。

③ 蓄电池充放电基本概念。

④ 动力蓄电池的性能评估。

(3) 动力蓄电池的结构。

动力蓄电池根据结构分解,其组成的部件主要包括维修开关组件、动力蓄电池箱、电池模块组件、动力蓄电池管理单元、信号采集组件、低压连接组件、高压连接组件、热管理系统组件等。

高压系统包括高压控制箱及线束、连接接口等,主要用于监测动力蓄电池的总电压、总电流、绝缘性能,包括监测动力蓄电池的总电压、检测充放电电流、高压系统的绝缘,监控高压接线,并将监控的数据反馈至主控盒。为了区分高压线束和低压线束,高压电源线束通常采用橙色波纹管,低压线束采用黑色波纹管。动力蓄电池系统通过可靠的"总正极"和"总负极"高压连接器连接到高压控制箱,低压连接器连接到"CAN"总线,与 VCU(Vehicle Control Unit)或车载充电机通信。

(4) 能力点总结。

① 高压安全防护工具使用。

② 高压断电操作。

③ 高压验电操作。

④ 动力蓄电池的检查。

⑤ 动力蓄电池维护。

⑥ 车辆交付。

2.动力蓄电池维护任务综合职业能力评价

针对学生实施动力蓄电池更换任务的过程进行评价,可以采用学生自评、小组评价、教师评价等多种形式,目的是考查学生的专业能力和非专业能力,见表1-9。

动力蓄电池更换任务实施评价表　　　表1-9

一级指标	二级指标	配分	得分
1.专业能力	做好车辆和个人的安全防护	5分	
	正确选择、使用工具设备	5分	
	正确查阅维修手册	5分	
	遵守技术规范和标准	5分	
	正确查看仪表信息	5分	
	正确完成高压断电	5分	
	正确完成动力蓄电池的外观检查	5分	
	正确完成动力蓄电池的密封性能检查	5分	
	正确完成动力蓄电池的螺栓的紧固状态	5分	
	正确完成动力蓄电池的外部绝缘性检查	5分	
	正确完成任务的性能检验	5分	
	正确完成工位恢复	5分	
2.非专业能力	严格遵守环保要求	5分	
	严格把控操作时间,注重工作效率	5分	
	主动解决问题	5分	
	团队协作	5分	
	安全意识	5分	
	信息查找	5分	
	逻辑思维	5分	
	精益求精的工匠精神	5分	
总计		100分	

八、巩固拓展

新任务迁移:其他车型的动力蓄电池维护。

通过查阅资料,参考前面学习的动力蓄电池维护的流程和北汽EV200动力蓄电池维护的实施操作,制订出其他车型的动力蓄电池维护任务的工作计划及操作流程。

练习题

一、填空题

1.灭火器有_____、_____及二氧化碳灭火器等。

2.数字绝缘万用表是一种由电池供电的测量绝缘电阻的仪器,同时也具有测量_____、电压、_____和_____等功能。

3. 蓄电池比容量是指_____,相应地称为质量比容量或体积比容量。

二、选择题

1. 电池的荷电状态可以用下列哪个英文缩写表示(　　)。
   A. SOH　　　　　　B. BMS　　　　　　C. SOC　　　　　　D. PTC

2. (　　)是指单位质量或单位体积的蓄电池所能给出的电量。
   A. 容量　　　　　　B. 比容量　　　　　C. 功率　　　　　　D. 比功率

3. [多选]动力蓄电池的容量可以分为(　　)。
   A. 理论容量　　　　B. 额定容量　　　　C. 实际容量　　　　D. 比容量
   E. 标称容量

4. [多选]动力蓄电池维护的准备包含(　　)。
   A. 设置隔离栏　　　B. 设置安全警示牌　C. 检查灭火器　　　D. 检查工具套装

三、简答题

1. 高压防护工具都有哪些?请简述它们的作用。
2. 请简述电动汽车动力蓄电池的外部结构。
3. 请简述动力蓄电池的日常维护流程。

学习任务2 动力蓄电池更换

知识目标

1. 掌握电动汽车高压电上下电的原理;
2. 掌握电动汽车高压电的上下电操作流程;
3. 掌握动力蓄电池的更换方法;
4. 了解动力蓄电池的储存方法。

技能目标

1. 能够熟练完成电动汽车高压断电操作;
2. 能够熟练完成电动汽车高压上电操作;
3. 能够完成动力蓄电池的更换;
4. 能够完成动力蓄电池的储存。

素养目标

1. 通过实际操作动力蓄电池的更换,培养安全意识;
2. 通过小组合作,培养互帮互助、友好和睦的团队协作能力,养成友善的良好品质。

课程思政点睛

本任务主要对学生进行社会主义核心价值观中友善价值的训练。友善指的是人与人要和谐相处,友善相待。中国有很多关于友善的故事,例如,在关于廉颇和蔺相如的"负荆请罪"典故中,蔺相如为了国家安危,把个人私仇放在后面,对廉颇容忍、退让,最后保护了国家,也获得了友谊,充分诠释了团结友善的品质。

同学们在完成学习任务的过程中,通过角色扮演、小组讨论、双人操作等活动培养安全、严谨规范、精益求精的职业精神的同时,要团结协作、互帮互助,全面体现友善的价值。

一、任务接受

1. 学习情景描述

一辆行驶里程约为30000km的比亚迪e5纯电动汽车,车主开车时发现"OK"灯不亮,且仪表显示"检查动力蓄电池系统",经过车间主管用解码仪读取故障码并检测相关数据流,发现动力蓄电池包需要进行更换。你作为一名维修人员,请严格按照相关的作业标准,对该车辆的动力蓄电池包进行更换。

2. 动力蓄电池更换任务工单

动力蓄电池更换任务工单见表2-1。

动力蓄电池更换任务工单　　　表2-1

服务站名称		工单类型		服务顾问	
车主姓名		车主手机号		送修人	
送修时间		预计交车时间		行驶里程(km)	
送修问题	一辆行驶里程约为30000km的比亚迪e5纯电动汽车，车主开车时发现"OK"灯不亮，且仪表显示"检查动力蓄电池系统"					
检查结果	更换动力蓄电池				

二、任务分析

本任务实施前，请完成下列活动。

（1）同学们通过分析任务，思考并写出完成客户委托任务需要的关键信息。

（2）通过小组合作，讨论本组要完成客户委托任务的关键点和难点以及需要进行哪些操作。

（3）各个小组分别进行展示分享，相互提出改进意见。

三、理论学习

（一）高压上下电控制逻辑

电动汽车上电和下电控制原理实质是车载动力蓄电池对外高压上电和下电控制过程。整车上下电控制包括整车低压供电与断电、唤醒与取消唤醒、高压上电和下电。

1. 高压上电控制逻辑

电动汽车的高压上电过程一般涉及整车控制器、高压电池包控制器、电机控制器、直流变换器，由VCU协调各个控制器，使其互相配合，按照设定的步骤、时序完成一系列交互动作，进行信息交互和故障诊断，确保车辆及时、安全地完成上高压动作。下面以北汽EV200纯电动汽车为例介绍高压上电过程。

（1）整车上电后，BMS被唤醒，完成自检。

上电过程会在整车控制器收到有效的唤醒请求后被触发，这里有效的唤醒源可以是钥匙、特定的网络管理报文、充电信号等。在整车控制器完成自身相关初始化等过程后，会给其他高压组件发送唤醒请求。在收到整车控制器的唤醒请求后，动力蓄电池控制器、电机控制器、直流变换器等会在规定的时间内完成初始化，进行系统自检，并将结果通知整车控制器。这个过程中BMS系统会对动力蓄电池内部电芯的电压、温度、母线绝缘进行检测。VCU根据当前故障等级，确认是否有影响整车上电的故障存在，判断是否允许电动汽车成功启动。若存在故障，则会报故障并禁止车辆上电。

(2) VCU 接收到 BMS 无故障信息,完成高压上电诊断。

整车控制器在确认其他高压组件无影响上电故障的前提下,会继续确认车辆状态,再判定是否要请求动力蓄电池向高压用电设备供电,确保上电过程是在安全、非行驶等前提下完成。

(3) 预充完成后,完成高压上电。

当确保动力蓄电池系统无故障,允许车辆接入高压电后,BMS 将接收到 VCU 的高压上电指令,闭合主负接触器、预充接触器,完成预充。预充完成后,闭合主正接触器,并延时断开预充接触器,动力蓄电池通过主正接触器、主负接触器对外进行供电,完成高压上电过程。

下面以北汽新能源汽车 EV200 纯电动汽车为例,详细阐述动力蓄电池高压上电控制流程。图 2-1 为动力蓄电池高压系统工作原理图。

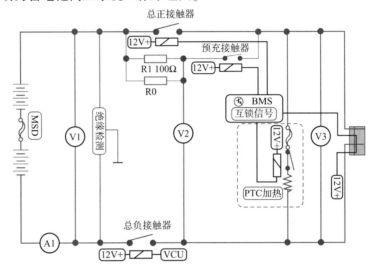

图 2-1 北汽新能源 EV200 纯电动汽车动力蓄电池高压系统工作原理图

车钥匙置于 OFF 挡位时,低压蓄电池常电对各控制器进行供电。当车钥匙置于 ON 挡时,低压蓄电池通过继电器对 VCU 供电唤醒,VCU 完成初始化和自检后,唤醒 BMS、MCU、DC/DC 变换器等控制器。BMS 等控制器进行初始化和自检后,上报给 VCU。在 BMS 初始化自检完成后,首先要进行整车高压上电诊断。在动力蓄电池内部设定有三个电压测量点和一个电流测量点,用于判断整车上电时总正接触器、总负接触器、预充接触器和预充电阻的工作状态。

高压测量点 1(V1) 位于高压总正接触器、总负接触器内侧,测量动力蓄电池总电压用于判定 MSD 是否断路。高压测量点 2(V2) 一端位于总负接触器外侧,另一端位于预充电阻和预充接触器之间,用于判定预充接触器粘连、总负接触器断路故障、预充电阻断路和预充接触器断路故障。高压测量点 3(V3) 位于动力蓄电池直流母线输出两端,用于判定总正接触器粘连故障。电流测量点(A1) 采用霍尔式电流传感器,布置在动力蓄电池内部主回路上,采集动力蓄电池充放电电流,用于判定整车耗电量及过流检测。对于北汽新能源 EV200,其动力蓄电池额定电压为 332V,因此,在 VCU 控制总负接触器闭合之前进行动力蓄电池高压分步检测 Part1 检测,如果 V1 = 332V,V2 = V3 = 0V,则说明动力蓄电池正常;若 V1 = V2 =

V3=0V,则说明 MSD(维修开关)断路;若 V1=V2=332V,V3=0V,则说明总负接触器触点粘连。当 V1、V2、V3 检测结果正常时,VCU 控制总负接触器闭合。总负接触器闭合后进行动力蓄电池高压分步检测 Part2 检测,此时若 V1=V2=332V,V3=0V,说明动力蓄电池内部正常;若 V1=332V,V2=V3=0V,则说明总负接触器断路;若 V1=V2=V3≠0,则说明动力蓄电池总正接触器粘连;若 V1=332V,V1>V2,V2=V3≠0,则说明动力蓄电池预充接触器粘连。当 V1、V2、V3 检测结果正常时,BMS 控制预充接触器闭合,接通预充电路。预充电路接通后进行动力蓄电池高压分步检测 Part3 检测,此时若 V1=332V,V1>V2,V2=V3≠0,说明动力蓄电池内部正常;若 V1=332V,V2=V3=0V,则说明预充电阻 R1 和检测电阻 R0 断路;若 V1=V2=332V,V3=0V,则说明预充接触器断路故障。当 V1、V2、V3 检测结果正常时,BMS 检测到预充电压达到动力蓄电池电压 95%时,判断预充完成,BMS 控制总正接触器闭合。此时,若 V1=V2=V3=332V,说明动力蓄电池内部正常;若 V1=V2=332V,V3=0V,则说明总正接触器断路。当 V1、V2、V3 检测结果正常时,总正接触器闭合时间超过 10ms 后,断开预充接触器。此时,仪表上 READY 灯点亮,高压上电完成。

2. 高压下电控制逻辑

高压下电控制分为正常高压下电和非正常高压下电。

(1)正常高压下电控制逻辑实施。

整车的上下电控制流程是通过其控制策略来体现的,即整车的上下电时序是服从规定的控制策略约束的。整车控制器、高压电池包控制器、电机控制器、直流变换器等相关控制器,根据控制策略约束,在不同状态下执行规定动作并将各自系统状态通过 CAN 总线上报给 VCU,VCU 根据各控制器状态引导整车上下电过程。

待 ON 挡消失(持续 2s)后,BMS 等待 VCU 下电指令。若在一定时间内未收到 VCU 下电指令,BMS 会强制下电休眠。当 BMS 收到 VCU 下电指令时,若母线电流小于一定电流值(可以设置,比如 20A),则先断开主正接触器、后断开主负接触器,然后判断母线电压。若母线电压下降到一定预设值(如断电前电压的 10%),BMS 将下电指令反馈给 VCU。BMS 发送下电完成指令后,经过一段时间后(可设置)进入休眠状态。当 BMS 收到 VCU 下电指令时,若母线电流大于预设电流,BMS 则会采取强制下电手段。

(2)非正常高压下电控制逻辑实施。

动力蓄电池
上下电操作

当开关钥匙在 ON 挡/START 挡同时汽车出现整车严重故障,此时系统会采取非正常下电流程。当故障传送至 VCU,若在驱动系统、电池系统、绝缘等最高级故障中出现一种,VCU 输出 0 电机转矩,随后断开高压链接,BMS 依次断开主正接触器、主负接触器,命令逆变器执行主动放电,VCU 向各个控制器发出下电指令,并断开高电平唤醒源,完成高压下电。

3. 动力蓄电池预充控制系统功能及原理

动力蓄电池在进行高压上电和充电初期,需要进行高压预充电。高压预充系统原理如图 2-2 所示。

(1)预充电路的功能。预充电路功能主要有以下两个:

①防止大电弧的产生,避免接触器的烧蚀;

②确保整车在高压上电前整个高压系统的完整性。

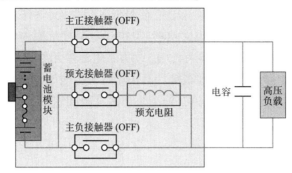

图 2-2　高压预充系统原理图

（2）预充控制的原理。

预充电路是如何实现其功能的呢？这就涉及预充控制系统的原理。电动汽车负载中有很多电容，在冷态起动时，上电瞬间电容上无电荷或只有很低的残留电压，如果无预充电，整车高压上电的瞬间，主正接触器、主负接触器直接与电容接通，此时动力蓄电池电压达300V以上，而负载电容上电压接近0V，相当于瞬间短路，负载电阻仅仅是导线和接触器触点的电阻，这将造成动力蓄电池和负载侧电容之间的瞬间电流在几千安培甚至上万安培，导致总正接触器、总负接触器等部件的损坏。

预充电路一般包括3个接触器：主正接触器、主负接触器和预充接触器（图2-2），主负接触器和预充接触器并联，在预充接触器中串联一个预充电阻，正是因为预充电阻的限流作用，才避免了电弧的产生。三个接触器工作顺序如下。

首先，主正接触器和预充接触器先后闭合，因为有预充电阻的限流作用，使接触器得到保护，当输出电压接近动力蓄电池电压时，闭合主负接触器，此时，主负接触器两端电压几乎相等，不会有火花产生，随后，预充接触器断开，由主正接触器和主负接触器对外输出电压，完成预充和上电过程，这样就实现了预充电路的第一个功能。

预充电路的第二个功能是如何实现的呢？图2-3为预充电流和电压随预充时间变化的曲线图，从图中可以看出，预充过程中预充电压是随着预充时间的增加而增加的，在规定时间内增加到动力蓄电池电压时即完成了高压预充过程，此后车辆端的电压为动力蓄电池的电压。在预充过程中，电脑是可以检

预充电路-高

测到预充时间的，如果在规定时间内没有达到预充电压，或者提前达到预充电压，电脑就会检测到预充时间过长或者预充时间过短，说明高压系统有问题，会停止高压上电。例如，出现高压漏电或者某个高压部件处于常通电状态等情况，会导致预充时间过长；如果出现高压断路或缺少高压负载等情况会出现预充时间过短。无论是预充时间过长还是预充时间过短，都说明高压系统出现故障，高压预充电失败，不能完成高压上电，进而确保车辆的安全。

（二）动力蓄电池热管理系统

1. 动力蓄电池热管理系统功能

动力蓄电池作为新能源汽车的动力源，其充电、放电的发热会一直存在。动力蓄电池的性能和动力蓄电池温度密切相关。温度过低或过高均会影响动力蓄电池的性能，过高的动

力蓄电池温度会严重影响电池组电化学系统的运行、循环寿命和充电可接受性、电池包功率、安全性和可靠性;过低的动力蓄电池温度会降低其活性,无法快速充放电。为了尽可能延长动力蓄电池的使用寿命并获得最大功率,需在规定温度范围内使用动力蓄电池。原则上,在 −40 ~ +55℃ 范围内(蓄电池实际温度)动力蓄电池单元处于可运行状态。因此,目前新能源汽车动力蓄电池都装有热管理系统。其作用是对蓄电池、电机、控制器及充电机等车辆关键部件进行冷却或加热,使其保持在适当工作温度范围内。

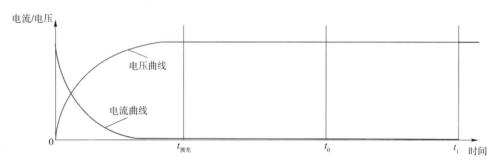

图 2-3 预充电流和电压随预充时间变化曲线图

2. 动力蓄电池热管理系统类型

从热管理控制方式来分,动力蓄电池热管理系统可分为主动式热管理系统和被动式热管理系统。主动式热管理系统是通过控制制冷/加热系统来及时调节蓄电池温度,常用的控制系统为 PWM(脉宽调制)系统。被动式热管理系统则是通过改进动力蓄电池的结构和材料,降低热量产生速率和提高热量扩散速率,来降低动力蓄电池的温度。其中,改进动力蓄电池结构主要包括增加散热片、增加散热通道等措施,以增加热量的散发面积和散热通道的流动性,提高热量的扩散速率。改进动力蓄电池材料主要包括使用导热性能更好的材料,如铜箔替代铝箔,以提高热量的传导效率。被动式热管理系统相对简单,成本低,但其对动力蓄电池的温度控制能力有限。在实际应用中,一般会综合使用被动式热管理系统和主动式热管理系统,以达到更好的热管理效果。

从传热介质的角度来分,动力蓄电池热管理系统又可分为空气冷却式热管理系统、液体冷却式热管理系统与相变蓄热式热管理系统。传热介质会很大程度影响热管理系统的性能与成本,下面对动力蓄电池三大传热介质的热管理系统进行详细介绍。

(1)空气为传热介质的热管理系统。

空气作传热介质的原理是直接引入空气,使其流过电池模块起到散热作用,通常需要风扇、进出通风口等部件。进风来源一般有外界空气通风被动式冷却、乘员舱空气通风被动式冷却/加热、外界或乘客舱空气主动式冷却/加热三种形式。

被动式系统无须建立单独系统,直接利用现有环境冷却(加热),如冬季动力蓄电池加热,可以利用乘客舱的热空气,若动力蓄电池温度在车辆行驶中过高,乘客舱空气冷却效果不佳时,可吸入外界冷空气降温。而主动式系统相对复杂,需建立单独系统提供冷却(加热),根据动力蓄电池状态进行控制,可根据动力蓄电池使用需求来选择热管理系统,但会增加整车成本与能源消耗。

与其他技术相比,风冷技术相对简单,安全维护也比较方便,能够在低成本的情况下,达到良好的散热性能。不过,风冷技术的劣势也非常明显,尤其是与液冷技术相比,它与动力蓄电池表面之间的热交换系数低,冷却、加热的速度仍然比较慢,动力蓄电池箱内部温度均匀性不容易控制。

(2)液体为传热介质的热管理系统。

该热管理系统以液体为介质,通过电池包内部的冷却液来带走动力蓄电池在工作中所产生的热量,以起到降低动力蓄电池温度的作用。需在蓄电池模块与液体介质之间建立传热通道,比如水套,以对流和导热两种形式进行间接式加热和冷却,传热介质常采用水、乙二醇,也可将动力蓄电池沉浸在电介质的液体中直接传热,需要采用绝缘措施以免短路。

液冷系统对电池包的温度控制效果要优于风冷系统,液体介质的换热系数高,热容量大,冷却速度也更快。随着使用环境对动力蓄电池的要求越来越高,液冷技术也逐渐成为各大车企的优先选择,应用液冷系统的新能源汽车越来越多。

(3)相变蓄热式热管理系统。

导热相变材料(Phase Change Materials,PCM)是一种新型的高效热管理材料,具有在温度变化过程中吸收或释放大量热量的特性,并且可以通过相变来实现传热,从而达到更好的节能和环保效果。相变蓄热式热管理系统的原理是:在动力蓄电池大电流放电时,相变材料将动力蓄电池放出的热量吸收,自身相变使动力蓄电池温度迅速降低。此过程是系统把热量以相变热的形式储存在 PCM 中。在动力蓄电池进行充电的时候,特别是在比较冷的天气环境下(大气温度远低于相变温度),PCM 可将热量排放到环境中去。

相变材料用于动力蓄电池热管理系统中具有不需要运动部件、不需要耗费动力蓄电池额外能量等优势。具有高的相变潜热和导热率的相变材料,用于动力蓄电池组的热管理系统中,可以有效吸收充放电过程中放出热量,降低动力蓄电池温升,保证动力蓄电池在正常温度下工作,可以使大电流循环前后动力蓄电池性能保持稳定。总之,利用相变材料可储热也可储冷的特性,实现夏季换热器储冷吸收动力蓄电池产生的热量、冬季换热器储热为乘员舱提供热量。

3.动力蓄电池热管理系统结构及原理

整车热管理系统分为三个部分:乘员舱热管理、电驱系统回路热管理、动力蓄电池系统回路热管理。

(1)乘员舱热管理。与传统汽车一样,电动汽车乘员舱冷却依靠压缩机制冷,区别在于电动汽车采用电动压缩机。电动汽车制冷系统包括压缩机、冷凝器、膨胀阀、鼓风机、蒸发箱等部件。同样,缺少发动机的电动汽车乘员舱取暖依靠电加热系统 PTC 实现。

(2)电驱系统回路热管理。电驱系统回路热管理为散热器的出水进入充电机、电机等部件,电机流出的较高温度冷却液通过散热器与空气的热交换降温,经过降温的冷却液再流经散热部件,达到冷却的目的。

(3)动力蓄电池系统回路热管理。动力蓄电池系统回路热管理主要包括动力蓄电池冷却、动力蓄电池加热功能的实现。当动力蓄电池有冷却需求时,压缩机启动,动力蓄电池回路通过 Cheiller 换热器与空调回路进行换热。当动力蓄电池有加热需求时,PTC 启动,同样,动力蓄电池回路通过 Chiller 集成在一起的换热器与 PTC 回路进行换热。

下面以 Model S 为例,介绍动力蓄电池热管理系统。Model S 的热管理系统能够实现乘员舱热管理、动力蓄电池冷却和加热以及电机电控系统的冷却等基本功能,但并没有采用热泵、余热回收等更先进的节能手段。整个热管理系统可以大致分为制冷剂系统和冷却液系统两部分,制冷剂系统主要负责乘员舱制冷和冷却动力蓄电池冷却液,冷却液系统负责电机电控系统冷却和动力蓄电池的冷却和加热。动力蓄电池和动力系统加热和冷却系统包括储液罐、散热器、冷却液管、冷却液泵、旁通阀、chiller(冷却器)、冷却液加热器、冷却液温度传感器、百叶窗,如图 2-4 所示。主要部件的功能如下。

①储液罐:储存冷却液。

②散热器:对冷却液进行热交换。

③冷却液管:连接冷却系统相关部件,是冷却液循环的通道。

④冷却液泵:冷却液循环的动力源。

⑤旁通阀:旁通阀控制冷却液流向,散热器旁通阀控制是否需要通过散热器散热。

⑥chiller:通过制冷剂吸收冷却回路中冷却液的热量,通过热交换将热量带走,起到降温的作用(冷却液与制冷剂之间进行热交换)。

⑦冷却液加热器:将动力蓄电池冷却液加热到合适的温度以确保其正常的充电、放电。

⑧冷却液温度传感器:用来监视冷却液内部温度并将此信息报告给 THC,以防止过热。

⑨百叶窗:主动调节通过散热器的空气流量。

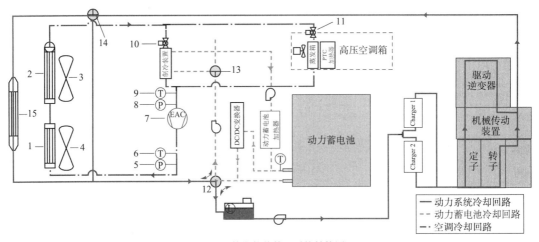

图 2-4 特斯拉热管理系统结构图

1、2-冷凝器;3、4-冷凝器风扇;5、8-压力传感器;6、9-温度传感器;7-空调压缩机;10、11-热膨胀阀;12-四通阀;13、14-三通阀;15-散热器

动力蓄电池系统和动力系统采用串联和并联的工作模式实现热管理控制。串联模式时整个系统相串,使动力蓄电池或者动力系统加热或者冷却,让两个系统通过热传递交换能量。在并联模式下,两个系统分开运行,系统通过四通阀控制并联或者串联模式,电池包的冷却通过 chiller 进行热交换,由冷凝器进行散热;电池包的加热通过动力蓄电池冷却液加热器(Battery Heat)进行。电机冷却回路使用散热器冷却电机,但在回路中串联了车载充电器(charger)系统,实现了高压控制及充电过程中的冷却。此外,在寒冷工况下,通过控制阀门

可以实现回收电机的热量用于电池包的加热。动力蓄电池与动力系统的热管理模式见表 2-2。

动力蓄电池与动力系统的热管理模式　　　　表 2-2

模式	串联模式-动力蓄电池加热	串联模式-正常环境冷却液冷却	串联模式-热环境冷却液冷却	并联模式
工作方式	在寒冷环境条件下使用串联模式。 串联模式允许冷却剂流过电机以加热冷却剂，绕过散热器，然后流入 HV 电池以加热动力蓄电池。 （行驶中）如果需要额外加热，可以在进入动力蓄电池之前激活高压冷却液加热器（heater）以向冷却液提供更多热量（一般指冬天超充）。	在正常环境温度下使用时，串联模式也是一种有效配置。 仅使用散热器即可冷却动力蓄电池和动力总成，而无须运行 A/C 压缩机和冷却器 Chiller 系统来冷却动力蓄电池（行驶中）	在极端炎热的环境条件下，当动力总成散热受到限制时，高压蓄电池可以吸收动力总成的热量并使电机运行在较低温度。这提高了电动机效率。（高温行驶中）当动力蓄电池达到受热极限时，Chiller 进入工作冷却防冻液	并联模式允许散热器最有效地用于动力总成冷却（行驶中），因为动力总成冷却液的运行温度比动力蓄电池冷却液高得多。并联模式还允许动力蓄电池逐渐加热自身（正常温度充电）。 另外，如果动力蓄电池需要冷却而动力总成不需要，则可以仅激活 Chiller 冷却动力蓄电池（高温天气充电）

4.动力蓄电池热管理系统控制策略

为了提高整车性能，使动力蓄电池组发挥最佳性能和寿命，需要合理优化电池包热管理系统。当电动汽车开始启动时，动力蓄电池热管理系统即开始发挥作用，BMS 控制器采集动力蓄电池系统中每一个电芯的温度，并根据不同的温度级别采取不同的控制策略。

当电池包的温度超过温度上限（一般为 37℃）时，BMS 控制器就会将相关信息递交至 TMS（Thermal Management System）控制器中，在接收到信息之后，TMS 控制器将会向水泵和空调机组发送对应的制冷指令，此时，这两项要素将会进入开启状态，并借助制冷剂降低冷却液的温度，实现温度降低的目标。

如果 BMS 控制器采集到的电芯温度峰值稍高（一般处于 32~37℃ 之间），此时该控制器依旧会将相应的信息递交至 TMS 控制器中，在接收到信息之后，TMS 控制器就会向水泵下达自循环的指令，此时，空调机组将处于关闭状态。

如果 BMS 控制器采集到的电芯温度峰值稍低（一般小于 32℃），当 BMS 控制器将信息递交至 TMS 控制器之后，TMS 控制器将会向水泵发送关机指令，此时，动力蓄电池将会借助外界温度条件调节自身温度。

如果电芯温度很低（一般低于最小值 12~15℃），此时，动力蓄电池系统需要进行加热操作，当 TMS 系统接收到 BMS 系统发送的信息之后，将会向水泵发送开机指令，同时将相应的信息输送至加热器控制器中，进而向 PTC 下达加热指令，此时热管理系统中的 PTC 和水泵处于开启状态，能够对温度进行有效调节。

总之，新能源汽车的动力蓄电池管理系统在车辆能源供给、安全使用、高效运行等方面，均发挥着重大作用，为了化解续驶里程短、研发成本高的实际问题，在新时期应充分结合高质量发展需求,增强对该系统的研发设计能力。通过以上初步分析可以看出,在实践过程中,一方面应结合新材料、新技术、新方法,科学合理地构建有利于解决上述问题、提高新能源汽车动力蓄电池使用效用的设计方案;另一方面则需要根据现阶段实践中已经确立的标准研究程序,从工作原理、关键技术、方案研发、硬件设计、软件设计等环节,开展具体实践,从而提高此类管理系统的研发效率与设计水平。

随着热管理技术的不断创新和迭代,通过集成或改变各回路的连接方式等方式,实现各个热管理回路内部能耗最优,不断减少对于蓄电池能耗的依赖。

(三)动力蓄电池储存维护

1. 短期储存

锂离子蓄电池短期不使用(如6个月以内),蓄电池带电量状态下,将蓄电池储存在干燥、无腐蚀性气体、温度在 $-20 \sim 35℃$,湿度在 $65\% \pm 20\%$ 的地方,高于或低于此温湿度会使蓄电池金属部件生锈或蓄电池出现泄漏。

2. 长期储存

锂离子蓄电池长期不用(如6个月以上),应充入 $50\% \sim 70\%$ 的电量,并从仪器中取出存放在干燥阴凉的环境中,并每隔3个月充一次电,以免存放时间过长,蓄电池因自放电导致电量过低,造成不可逆的容量损失。

锂离子蓄电池的自放电受环境温度及湿度的影响,高温及高湿度下会加速蓄电池的自放电,建议将蓄电池存放在温度为 $10 \sim 25℃$,湿度为 $65\% \pm 20\%$ 的干燥环境。

3. 超长时间存放

通常不建议锂离子蓄电池存放时间超过2年以上,因为存放的时间超长,蓄电池的容量损失超严重。

按照"长期储存"的方法,蓄电池通常可存放2年或3年,除容量衰减外,不会有其他性能不良,但装配到仪器或设备中会出现充放电时间(使用时间)变短,通常所说的"充完电很快就没电了"。当蓄电池使用时间少于规定要求时,需要做不良品或报废处理。

(四)动力蓄电池更换流程

电动汽车行驶到一定里程后,都会出现动力蓄电池性能衰减,为了保证续航里程,需要更换动力蓄电池。更换动力蓄电池是汽车维修和维护工作重点重要环节,也是电动汽车维护的必要内容。更换动力蓄电池是一个技术任务,要按照要求进行操作,还需要注意一些安全措施,以确保更换动力蓄电池的安全性。动力蓄电池的更换流程主要包括任务准备、高压断电、动力蓄电池拆卸、动力蓄电池安装前检查、动力蓄电池安装和动力蓄电池性能检查六个环节,具体操作流程如下。

1. 任务准备

检查工位设备及安全防护用品,需要准备好必要的工具和器材,如动力蓄电池拆装工具、绝缘手套、护目镜等。同时,要确保操作环境通风良好,以防止有毒气体的积聚。

2. 高压断电

在拆卸电动汽车动力蓄电池之前,首先需要切断电源,确保电动汽车处于断电状态。这是为了防止蓄电池更换过程中发生意外,确保施工人员的安全。

3. 动力蓄电池拆卸

(1)找到动力蓄电池位置。

不同车型的电动汽车,蓄电池的安装位置也会有所不同。大多数电动汽车的蓄电池安装在车身底部或后部。

(2)拆卸蓄电池壳。

电动汽车动力蓄电池通常由电池壳保护,因此,需要先拆卸蓄电池壳。一般来说,蓄电池壳是通过螺钉或卡扣固定在一起的。使用相应的工具,将螺钉拧松或卡扣打开,然后轻轻拆下电池壳。

(3)断开动力蓄电池连接。

电动汽车动力蓄电池与车辆的其他部件之间有许多连接线,而这些连接线需要断开才能拆卸蓄电池。需要先断开动力蓄电池的正负极连接线,一般来说,正极连接线为红色,负极连接线为黑色。使用相应的工具,将连接线上的螺钉或连接器拧松,然后断开连接线。

(4)拆卸动力蓄电池固定件。

蓄电池安装在车辆上时,通常会有一些固定件来确保蓄电池的稳定。这些固定件可以是螺钉、卡扣或其他类型的连接件。需要使用相应的工具,将这些固定件拆卸,取下蓄电池托盘,然后轻轻将蓄电池取出。

小知识:

根据 UN 3480,锂离子蓄电池被视为危险品,运输和储存具有特殊要求,要严格按照要求分类储存。

4. 安装前的检查

安装动力蓄电池前对动力蓄电池进行清洁和检查,包括螺栓、螺孔、外观、密封部位、高低压连接器、绝缘电阻以及铭牌信息等。

动力蓄电池的分类储存

5. 动力蓄电池的安装

安装动力蓄电池时注意安装力矩,安装动力蓄电池搭铁线以及高低压线束连接器。

6. 性能检验

动力蓄电池安装后,通过观看仪表信息和使用诊断仪对其性能进行检测,确保车辆的正常使用。

讨论与交流:

出现哪些情况需要进行动力蓄电池的更换?

(五)动力蓄电池更换规程

更换动力蓄电池的过程中,需要遵守以下操作规程。

(1)更换动力蓄电池时,需要穿戴好防护用品,以防止受到电击。

(2)更换动力蓄电池时,必须使用专用工具,以免损坏蓄电池或防止触电。

(3)更换动力蓄电池时,要严格按照汽车厂家的要求进行操作,以确保动力蓄电池的安全性。

(4)因为动力蓄电池是高压电器件,完成更换操作前需要断开高压并采用适当的防护措施。

(5)举升车辆前,应将举升机支撑块调整移动对正该车型规定的举升点,举升臂应尽量缩到最小长度,并调节举升胶垫以便均匀接触;支车时,四个支角应在同一平面上,调整支角胶垫高度使其接触车辆底盘支撑部位,使举升臂升至举升胶垫完全接触车辆,检查是否已牢固负载,确保车辆安全。

(6)遇到不合理作业要及时指出并予以制止,避免发生危险。

(7)更换完动力蓄电池后,要对动力系统进行全面检查,以确保车辆的正常运行。

四、任务计划决策

1. 动力蓄电池更换任务计划

根据前面理论知识的学习,获取关键信息,对工作内容进行汇总分类,制订动力蓄电池更换的工作计划。计划包括所需要的物料清单、工作顺序、工具检查、每一步检查的部位检查点、检查规范和标准、检查结果、检查时间、成本核算、安全与环保、注意事项等,并完成动力蓄电池更换任务的配件清单和蓄电池更换操作的计划表。

2. 动力蓄电池更换任务决策

站在企业的角度,确认工作任务计划方案实施的可行性。决策内容包括:设备清单,操作步骤的正确性、规范性和合理性,安全和环保注意事项,工作任务的时间控制和成本控制等工作计划中的具体内容,并完成动力蓄电池更换的任务决策表。

五、任务实施

1. 动力蓄电池更换任务实施

下面以比亚迪 e5 为例,按照动力蓄电池更换流程来实施操作。

(1)任务准备。

场地准备——操作前首先设置好隔离栏和安全警示牌,检查灭火器,同时确保操作环境通风良好。

检查防护套装——操作人员必须持证上岗,穿好绝缘鞋和绝缘服,检查绝缘手套的气密性、耐压等级、生产日期等,检查护目镜、安全帽有无破损等。

> **警告**:监护人员及维修人员必须持有有效的《特种作业操作证(电工)》与《初级(含)以上电工证》(职业资格证书),严禁无证进行维修操作。

检查工具套装——对绝缘测试仪进行开路测试和短路测试,对数字万用表进行校零,检查绝缘工具是否齐全、完好等。

检查设备套装——检查举升机、动力蓄电池举升车是否完好。

做好安全防护——安装车辆挡块,安装好翼子板布、格栅布,安装好座椅套、转向盘套、换挡杆套、脚垫纸车内四件套,检查电子驻车和挡位,降下驾驶员侧车窗玻璃。

(2)高压断电。

完成高压断电前首先要对车辆进行初步检查。检查仪表信息,主要看 READY 指示灯是否能正常点亮,是否有系统故障指示灯点亮。安装故障诊断仪,查询是否有故障,读取"BMS 电源管理系统"DTC 故障码并记录。接下来完成高压系统的断电,其流程如下:

①关闭点火开关并拔掉钥匙,放在合适的位置;

②断开低压蓄电池负极,并做好防护,防止二次上电;

③等待5min,让控制器里的电容能够充分放电;

④检查并戴好绝缘手套,拆开中控储物盒盖板,拔掉维修开关,并放在规定位置,防止重新接通;

⑤高压验电。拆掉充配电总成中的端盖,如图2-5所示,找到连接动力蓄电池的两根母线进行验电,分别测量动力蓄电池 HV + 与 HV – 之间的电压、动力蓄电池 HV + 与搭铁点之间电压、动力蓄电池 HV – 与搭铁点之间的电压,标准一般是不大于10V,即完成了高压系统的断电。

高压断电

图2-5 比亚迪 e5 纯电动汽车充电配总成

(3)动力蓄电池拆卸。

①对好四个支臂位置,将车辆举升之离地面20~30cm时停止举升,检查举升点是否正常。检查正常后继续举升之工作高度,落锁。

②拆下动力蓄电池防护罩。

③使用专用的举升设备拖着动力蓄电池包。

④戴好绝缘手套,拔掉电池包的电池信息采样通信接插件,然后拔直流母线接插件,如图2-6所示,并做好防护,拆卸动力蓄电池搭铁线螺母,断开搭铁线。

⑤断开动力蓄电池冷却液进水管和出水管的连接,如图2-7所示。

⑥卸掉托盘周边紧固螺栓,卸下动力电池包。

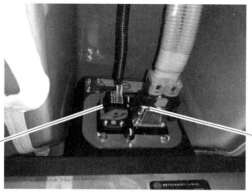

图 2-6 动力蓄电池高低压线束

图 2-7 动力蓄电池冷却液进出口管路

注意事项：
1. 拆卸动力蓄电池冷却液水管时，戴上绝缘手套；
2. 拆卸托盘周边螺栓时注意使其受力平衡，安全手册要求顺序进行拆卸；
3. 注意拆卸动力蓄电池的等电位线，否则容易被折断。

（4）安装前的检查。

安装动力蓄电池前对动力蓄电池进行清洁和检查。检查新的动力蓄电池外观有无破损、腐蚀等现象，对螺栓、螺孔、外观、密封部位、高低压连接器进行清洁和外观检查，要保持外观完好无损；检查新动力蓄电池铭牌信息与更换的动力蓄电池铭牌信息是否相同；检测动力蓄电池正极与壳体、负极与壳体之间的绝缘电阻是否正常；正负极之间的电压是否不大于5V。

（5）动力蓄电池的安装。

①缓慢举升动力蓄电池平台车，调整平台车位置，使动力蓄电池总成上的螺纹孔与车架螺纹孔对齐。

②戴好绝缘手套，安装托盘的紧固件，达到规定力矩，125±5N·m。

③安装动力蓄电池等电位线。

④戴好绝缘手套，接动力蓄电池包直流母线接插件，然后接蓄电池信息采样通信线接插件，接上液冷管路对接接头。

⑤戴好绝缘手套，插上维修开关，装好间储物盒盖板。

(6)性能检验。

①戴好绝缘手套,插上维修开关,装好间储物盒盖板。

②接通蓄电池负极,并安装规定力矩紧固好。

③打开点火开关检查仪表信息,READY 指示灯是否正常点亮,与拆装前相比有无增加系统故障指示灯。

④接入诊断仪,进入动力蓄电池管理系统查看故障码。

⑤加蓄电池冷却液(要求加注原厂提供的冷却液),同时使用 VDS(诊断仪)启动液冷水泵。液体加注到液冷最大(V_{max})位置。

⑥启动上电,车辆可以正常 OK,确认无故障后,升起驾驶员侧车窗玻璃,关闭点火开关,取出车内防护用品,收起翼子板布和格栅布,关闭发动机机舱盖,收起高压作业维修标志,整理现场,做好 5S,移交车辆。

高压上电

> **备注说明:**
> 按照企业维修手册,比亚迪 e5 按规定加注好冷却液之后,需要启动上电,车辆行驶 5km,然后检查蓄电池冷却液是否下降,如果不下降,更换完毕。如果冷却液下降,需要补装蓄电池冷却液。

2. 动力蓄电池更换任务工单

(1)完成动力蓄电池更换任务实施方案工单。

在实施动力蓄电池更换任务实操之前,完成实施方案工单,见表 2-3。

动力蓄电池更换任务实施方案工单　　　　表 2-3

班级			姓名	
学号			指导教师	
项目名称	动力蓄电池更换		工作任务	动力蓄电池更换任务实施方案

1. 动力蓄电池更换任务配件清单

序号	名称	品牌	型号	数量	备注
1					
2					
3					
4					
……					

2. 动力蓄电池更换操作计划表

序号	操作步骤及内容	工具设备	技术标准规范	注意事项
1				
2				
3				
4				
……				

续上表

3.动力蓄电池更换任务决策表		
决策类型	决策方案	
与师傅一起决策		
改进建议或决策结果		

（2）完成动力蓄电池更换任务工单。

在实施动力蓄电池更换的任务过程中，完成任务实操工单，见表2-4。

动力蓄电池更换任务实操工单　　　　　　　　　　表2-4

班级		姓名	
学号		指导教师	
项目名称	动力蓄电池更换	工作任务	动力蓄电池更换实操
1.任务准备			
作业内容	操作要点	结果记录	
场地准备	设置隔离栏	□正常　□异常：_____	
	设置安全警示牌	□正常　□异常：_____	
	检查灭火器	□正常　□异常：_____	
检查防护套装	绝缘手套的检查：气密性、耐压等级、生产日期等	□正常　□异常：_____	
	护目镜的检查	□正常　□异常：_____	
	安全帽的检查	□正常　□异常：_____	
	穿着绝缘服、绝缘鞋	□正常　□异常：_____	
检查工具套装	绝缘测试仪检测："TEST"功能检测、开路绝缘电阻、短路绝缘电阻	□正常　□异常：_____	
	万用表检测和校零	□正常　□异常：_____	
	绝缘工具是否齐全	□正常　□异常：_____	
检查设备	举升机功能检查	□正常　□异常：_____	
	动力蓄电池举升车检查	□正常　□异常：_____	
安全防护	安装车辆挡块	□正常　□异常：_____	
	安装翼子板布、格栅布	□正常　□异常：_____	
	安装座椅套、转向盘套、换挡杆套、脚垫纸	□正常　□异常：_____	
	检查电子驻车	□正常　□异常：_____	
	检查是否在P挡	□正常　□异常：_____	
	降下驾驶员侧车窗玻璃	□正常　□异常：_____	

续上表

2. 高压断电

作业内容	操作要点	结果记录
填写车辆信息	车辆 VIN 码	
	品牌	
	动力蓄电池工作电压	
	前舱插头连接情况	□正常　□异常：_____
记录仪表信息（起动后）	READY 指示灯	□点亮　□不亮　□点亮后熄灭
	系统故障指示灯	□点亮　□不亮　□点亮后熄灭
记录自诊断信息（电源管理系统）	故障码查询（清除故障码后再次读取）	□无 DTC　□有 DTC：_____
关闭一键起动开关	关闭一键起动开关并妥善保管钥匙	□完成　□未完成：_____
断开低压蓄电池负极	断开低压蓄电池负极，并做好安全防护	□完成　□未完成：_____
等待电容放电	等待 5min	□完成　□未完成：_____
断开维修开关	戴上绝缘手套，拔掉维修开关	□完成　□未完成：_____
高压验电	动力蓄电池 HV + 与 HV - 之间电压	实测值：_____ V； 标准值：_____ V
	动力蓄电池 HV + 与搭铁点之间电压	实测值：_____ V； 标准值：_____ V
	动力蓄电池 HV - 与搭铁点之间电压	实测值：_____ V； 标准值：_____ V

3. 动力蓄电池拆卸

作业内容	操作要点	结果记录
举升车辆	对好四个支臂位置，举升 20～30cm 后确认	□完成　□未完成：_____
拆掉动力蓄电池防护盖	正确使用工具	□完成　□未完成：_____
专用举升设备拖住动力蓄电池	正确使用动力蓄电池举升车	□完成　□未完成：_____
拔下高低压线束插头	佩戴绝缘手套，正确拔掉直流母线高低压插头	□完成　□未完成：_____
拔掉冷却管路插头	防止冷却液洒落	□完成　□未完成：_____
拆卸动力蓄电池包	正确选用工具，按照一定顺序卸掉托盘周边紧固螺栓，分次卸力，确保动力蓄电池受力平衡	□完成　□未完成：_____

4. 安装前的检查

作业内容	操作要点	结果记录
记录铭牌信息（动力蓄电池）	（动力蓄电池）标称电压	_____ V
	（动力蓄电池）电池容量	_____ A·h

续上表

作业内容	操作要点	结果记录
外观检查	动力蓄电池高压连接器	□正常 □异常：_____
	动力蓄电池低压连接器	□正常 □异常：_____
	动力蓄电池箱体	□正常 □异常：_____
	各螺栓及螺纹孔	□正常 □异常：_____
检测动力蓄电池线束绝缘电阻	动力蓄电池 HV + 与车身接地间绝缘电阻	实测值：_____Ω；标准值：_____MΩ
	动力蓄电池 HV - 与车身接地间绝缘电阻	实测值：_____Ω；标准值：_____MΩ

5. 安装动力蓄电池

作业内容	操作要点	结果记录
举升动力蓄电池	将动力蓄电池的螺纹孔和车架螺纹孔对好；动力蓄电池与车架之间不能过度接触	□完成 □未完成：_____
安装动力蓄电池固定螺栓	手旋入至少5mm；使用工具进行预紧，不能过度；按照正确力矩紧固，125±5N·m；紧固螺栓时要按照一定顺序，确保蓄电池受力均匀	□完成 □未完成：_____
安装动力蓄电池等电位线	按照手册要求的力矩安装	□完成 □未完成：_____
安装动力蓄电池高压连接器	戴好绝缘手套；卡口要锁止；先装高压连接器，再装低压连接器	□完成 □未完成：_____
安装动力蓄电池低压连接器	卡口锁止；先装高压连接器，再装低压连接器	□完成 □未完成：_____
安装冷却管路	安装到位；紧固好	□完成 □未完成：_____
移除动力蓄电池升降平台	先检查动力蓄电池安装情况再下降；动力蓄电池升降平台复位	□完成 □未完成：_____

6. 性能检验

作业内容	操作要点	结果记录
安装高压维修开关	戴好绝缘手套；安装好储物盒	□完成 □未完成：_____
安装低压蓄电池负极	正确安装至固定力矩	□完成 □未完成：_____

续上表

作业内容	操作要点	结果记录
加注冷却液	加注原厂提供的冷却液;使用诊断仪启动冷却液水泵;加注到液冷最大(V_{max})位置	□完成　□未完成:_____
记录仪表信息	READY 指示灯	□点亮　□不亮　□点亮后熄灭
	系统故障指示灯	□点亮　□不亮　□点亮后熄灭
记录电源管理系统自诊断信息	故障码查询;清除故障码后再次读取	□无 DTC　□有 DTC:_____
恢复工位	升起驾驶人侧车窗玻璃	□完成　□未完成:_____
	关闭一键起动开关	□完成　□未完成:_____
	拆卸翼子板布、格栅布	□完成　□未完成:_____
	拆卸座椅套、转向盘套、换挡杆套、脚垫纸	□完成　□未完成:_____
	移除高压安全警示标识	□完成　□未完成:_____
	工具设备等所有物品都放在指定位置,做好5S	□完成　□未完成:_____

六、任务检查交付

1. 动力蓄电池更换任务检查

依据任务计划单、实施流程、企业维修手册等,对动力蓄电池更换任务的完成情况进行检查,并记录存在的问题及改进意见,完成任务检查单,见表 2-5,进一步提升操作技能,调整完善任务计划。

动力蓄电池更换任务检查单　　　　表 2-5

检查项目	检查内容	问题记录	处理意见
任务实施过程			
质量标准			
任务结果			

2. 动力蓄电池更换任务交付

技师完成任务实施后,需要将车辆移交给质检员做最后的检查,在交付车辆前需要和质检员交接以下项目,并完成车辆交付单,见表 2-6。

(1)核实检查《任务委托书》,以确保顾客委托的所有维护项目的书面记录都已完成,并有质检员签字。

(2)实车核对《任务委托书》,以确保顾客委托的所有维护项目在车辆上都已完成。

(3)确认故障已消除,必要时试车。

(4)确认从车辆上更换下来的旧件。

(5)确认车辆内外清洁度(包括无灰尘、油污、油脂)。

(6)其他检查:除车辆外观外,不遗留抹布、工具、螺母、螺栓等。

车辆交付单　　　　　　　　　　　　　　　　　　表2-6

交付项目	检查结果	交车确认
维修项目全部完成	□是　□否	签字:
车辆清洁	□外观　□烟灰缸　□内饰　□前舱	
增值服务完工确认	□车辆健诊服务 □售后服务六件套 □维护里程及时间提醒设置更新	

七、总结评价

1.动力蓄电池更换任务总结

(1)高压上电控制逻辑。

①整车上电后,BMS被唤醒,完成自检。

②VCU接收到BMS无故障信息,完成高压上电诊断。

③预充完成后,完成高压上电。

(2)高压下电控制逻辑。

①正常高压下电控制逻辑实施。

②非正常高压下电控制逻辑实施。

(3)动力蓄电池预充控制系统。

①预充电路的功能。

a.防止大电弧的产生,避免接触器的烧蚀。

b.确保整车在高压上电前整个高压系统的完整性。

②预充控制原理。

首先主正和预充接触器先后闭合,因为有预充电阻的限流作用,使接触器得到保护,当输出电压接近动力蓄电池电压时,闭合主负接触器,此时,主负接触器两端电压几乎相等,不会有火花的产生,随后预充接触器断开,由主正和主负接触器对外输出电压,完成预充和上电过程。

(4)动力蓄电池热管理系统功能。

对蓄电池、电机、控制器及充电机等车辆关键部件进行冷却或加热,使其保持在适当工作温度范围内。

(5)动力蓄电池热管理系统类型。

①以空气为传热介质的热管理。

②以液体为传热介质的热管理。

③相变蓄热式热管理。

(6)动力蓄电池热管理系统结构及原理。

①动力蓄电池热管理系统结构。

整车热管理系统分为三个部分:乘员舱热管理、电驱系统回路热管理、动力蓄电池系统回路热管理。

②动力蓄电池热管理系统原理。

动力蓄电池系统回路热管理主要包括蓄电池冷却、蓄电池加热功能的实现。当蓄电池有冷却需求时,压缩机启动,蓄电池回路通过 Cheiller 换热器与空调回路进行换热。当蓄电池有加热需求时,PTC 启动,同样蓄电池回路通过 Chiller 集成在一起的换热器与 PTC 回路进行换热。

(7) 动力蓄电池热管理系统控制策略。

当新能源汽车开始起动时,动力蓄电池热管理系统即开始发挥作用,BMS 控制器会将动力蓄电池系统中每一个电芯的温度采集,根据不同的温度级别采取不同的控制策略。

(8) 能力点总结。

①高压安全防护。

②高压断电。

③高压验电。

④动力蓄电池的拆卸。

⑤动力蓄电池的检查。

⑥动力蓄电池的安装。

⑦动力蓄电池更换的性能检验。

⑧车辆交付。

2. 动力蓄电池更换任务综合职业能力评价

针对学生实施动力蓄电池更换任务的过程进行评价,可以采用学生自评、小组评价、教师评价等多种形式,目的是考查学生的专业能力和非专业能力,见表2-7。

动力蓄电池更换任务实施评价表 表2-7

一级指标	二级指标	配分	得分
1.专业能力	做好车辆和个人的安全防护	5分	
	正确选择、使用工具设备	5分	
	正确查阅维修手册	5分	
	遵守技术规范和标准	5分	
	正确查看仪表信息	5分	
	正确完成高压断电	5分	
	正确完成动力蓄电池的拆卸	5分	
	正确完成动力蓄电池的检查	5分	
	正确记录动力蓄电池的参数	5分	
	正确完成动力蓄电池的安装	5分	
	正确完成任务的性能检验	5分	
	正确完成工位恢复	5分	

续上表

一级指标	二级指标	配分	得分
2.非专业能力	严格遵守环保要求	5分	
	严格把控操作时间,注重工作效率	5分	
	主动解决问题	5分	
	团队协作	5分	
	安全意识	5分	
	信息查找	5分	
	逻辑思维	5分	
	精益求精的工匠精神	5分	
总计		100分	

八、巩固拓展

新任务迁移:其他车型的动力蓄电池更换。

通过查阅资料,参考前面学习的动力蓄电池更换的流程和比亚迪 e5 动力蓄电池更换的实施操作,制订出其他车型的动力蓄电池更换任务的工作计划及操作流程。

练习题

一、填空题

1. 预充电路一般有 3 个接触器:主正接触器、主负接触器和预充接触器,主负接触器和预充接触器并联,在_____中串联一个预充电阻,预充电阻具有_____作用。三个接触器的工作顺序为:首先闭合_____,然后再闭合_____,随后_____断开,有_____和_____对外输出电压,完成预充和上电过程。

2. 整车热管理系统分为三个部分:_____、_____、_____。

3. 不同车型的电动车,电池的安装位置也会有所不同。大多数电动车的电池安装在_____或_____。

二、选择题

1. 预充电阻的作用是( )。
   A. 为蓄电池充电之前的检测电阻　　B. 车辆高压上电时降低冲击电流
   C. 交流充电时的安全保护电阻　　　D. 不是车辆必须的结构

2. 有关高压预充电系统的陈述,错误的是( )。
   A. 在电机驱动系统接通高压前给高压系统预充电,防止电流瞬态冲击伤害控制系统及电器元件
   B. 高压预充电的预充电阻和电容的参数选择需要考虑及平衡高压安全及驾驶体验问题
   C. 高压预充电的时间尽可能长,不影响汽车性能

D. 高压预充电系统有问题,车辆将无法上电

3. 关于电动汽车动力蓄电池的热管理,技师 A 说:"若温度过低,PTC 会对冷却液加热,以实现动力蓄电池加热的目的"。技师 B 说:"若动力蓄电池温度过高,压缩机工作,制冷系统帮助降低电池包温度"。两位技师的说法谁的对?(　　)

  A. 只有 A 对   B. 只有 B 对
  C. A 和 B 都对   D. A 和 B 都错

4. 更换电池包冷却液时,冷却液(　　)。
  A. 在底盘拆卸电池包出水管放出
  B. 在前舱拆卸电池包冷却水壶出水管放出
  C. 在前舱拆卸电池包冷却水泵出水管放出
  D. 使用机器从水壶抽出

5. 以下关于加注电池包冷却液的说法,正确的是(　　)。
  A. 将液位控制在水壶最低刻度
  B. 将液位控制在最高与最低刻度之间
  C. 将液位控制在补偿水壶最高刻度
  D. 首次加注冷却液至补偿水壶颈部,启动车辆,继续加注冷却液至合适位置

6. 下列对于拆卸下来的动力蓄电池处理方式错误的是(　　)。
  A. 将动力电池包单独摆放,并树立高压安全警示牌
  B. 动力电池包放置的位置不会干扰其他人员正常行走工作
  C. 动力电池包上面的插接件接口一一做好防护
  D. 电池包较重,移动之后不好复位,就近摆放在维修工位旁边

三、简答题

1. 电动汽车中为什么要设置预充系统?
2. 请简述电动汽车热管理系统的功能、组成及工作原理。
3. 请简述动力蓄电池的更换流程。

学习任务3 动力蓄电池系统故障检修

▶ **知识目标**

1. 理解动力蓄电池系统控制原理；
2. 掌握电动汽车高压互锁系统的功能及原理；
3. 掌握电动汽车高压绝缘系统的功能及原理；
4. 掌握电动汽车预充控制系统的功能及原理；
5. 了解动力蓄电池系统故障等级类型及特点。

▶ **技能目标**

1. 能够完成动力蓄电池系统故障确认；
2. 能够完成动力蓄电池系统故障原因分析；
3. 能够完成动力蓄电池系统故障诊断；
4. 能够完成动力蓄电池系统故障排除；
5. 能够完成动力蓄电池系统故障检修。

▶ **素养目标**

1. 通过实际操作动力蓄电池故障检修任务，培养安全意识；
2. 通过完成蓄电池故障的确认、原因分析、维修计划的制订、诊断检修等任务，培养专注、敬业、精益、创新精神，提高逻辑思维能力。

课程思政点睛

本任务主要对学生进行工匠精神培养，其内涵包括专注、敬业、精益、创新。古语云："玉不琢，不成器"。工匠精神不仅体现了对产品精心打造、精工制作的理念和追求，更是要不断吸收最前沿的技术，创造出新成果。在个人层面，工匠精神就是一种认真精神、敬业精神，其核心是：不仅仅把工作当作赚钱养家的生存工具，而是在工作中树立起对职业敬畏、对工作执着、对产品负责的态度，极度注重细节，不断追求完美和极致，给客户无可挑剔的体验，将一丝不苟、精益求精的工匠精神融入每一个环节，做出打动人心的一流产品。

一、任务接受

1. 学习情景描述

一辆行驶里程约为30000km的比亚迪e5纯电动汽车，车主开车时发现"OK"灯不亮，且仪表显示"检查动力蓄电池系统",经过车间主管用解码仪读取故障码并检测相关数据流,发现动力蓄电池系统故障。作为一名维修人员,请严格按照相关的作业标准,对该车辆的动力蓄电池系统进行维修。

2. 动力蓄电池系统故障检修任务工单

动力蓄电池系统故障检修任务工单见表3-1。

动力蓄电池系统故障检修任务工单 表3-1

服务站名称		工单类型		服务顾问	
车主姓名		车主手机号		送修人	
送修时间		预计交车时间		行驶里程(km)	
送修问题	一辆行驶里程约为30000km的比亚迪e5轿车,车主开车时发现"OK"灯不亮,且仪表显示"检查动力蓄电池系统"				
检查结果	动力蓄电池系统故障检修				

二、任务分析

本任务实施前,请完成下列活动。

(1) 同学们通过分析任务,思考并写出要完成客户委托任务需要的关键信息。

(2) 通过小组合作,讨论本组完成客户委托任务的流程及需要进行哪些操作。

(3) 各个小组分别进行展示分享,相互提出改进意见。

三、理论学习

(一) 动力蓄电池管理系统

1. 动力蓄电池管理系统功能

动力蓄电池管理系统(Battery Management System,BMS)是动力蓄电池的核心控制系统,在动力蓄电池系统中,它不仅要保证蓄电池的安全可靠,而且要充分发挥蓄电池的能力和延长其使用寿命,作为蓄电池与整车控制器以及驾驶者沟通的桥梁,通过控制接触器控制动力蓄电池组的充放电,并向整车控制器上报动力蓄电池系统的基本参数及故障信息。

BMS主要有以下功能。

(1) 蓄电池参数检测。检测动力蓄电池参数是BMS所有功能的基础,包括总电压、总电流、单体电池电压检测(防止出现过充、过放甚至反极现象)、温度检测、烟雾探测(监测电解液泄漏等)、绝缘检测(监测漏电)、碰撞检测等。动力蓄电池的荷电状态和剩余电量的计算、充放电优化、故障预警等功能都是以监测的各个动力蓄电池参数为依据的。

(2) 蓄电池状态估算。动力蓄电池是一个复杂的非线性时变系统,具有多个实时变化的状态量。准确而高效地监测动力蓄电池的状态是蓄电池均衡管理的关键,也是电动汽车能量管理和控制的基础。因此,BMS需要基于实时采集的动力蓄电池数据,运用既定的算法和策略进行蓄电池组的状态估计,从而获得每一时刻的动力蓄电池状态信息,包括荷电状态(SOC)或放电深度(DOD)、健康状态(SOH)、功能状态(SOF)、能量状态(SOE)、故障及安全状态(SOS)等。

(3)在线故障诊断。在线故障诊断包括故障检测、故障类型判断、故障定位、故障信息输出等。故障检测是指蓄电池组、高压电回路、热管理等各个子系统的传感器、执行器(如接触器、风扇、泵、加热器等),以及网络系统、各种控制器软硬件等部件的故障检测。故障类型判断是指通过采集传感器信号,采用诊断算法诊断故障类型,并进行早期预警。蓄电池组本身故障是指过压(过充)、欠压(过放)、过电流、超高温、内短路、接头松动、电解液泄漏、绝缘性能降低等故障。

(4)安全控制与报警。安全控制与报警包括热管理系统控制、高压电安全控制。BMS诊断到故障后,通过网络通知整车控制器,并要求整车控制器进行有效处理(超过一定阈值时BMS也可以切断主回路电源),以防止高温、低温、过充、过放、过流、漏电等对蓄电池和人身的损害。

(5)充放电控制。这是指对电流的充放电控制,即按事先设定的充放电控制标准,根据SOC、SOH、温度等参数来限定蓄电池的充放电电流,并对蓄电池组单体或模块进行电量均衡等,可有效防止过充或过放。

(6)蓄电池均衡管理。为了充分发挥蓄电池单体的性能,保证蓄电池组的使用安全,BMS需要根据动力蓄电池单体的信息,采取主动或被动的均衡方式,尽可能降低动力蓄电池单体在使用过程中的不一致性。

(7)热管理。根据蓄电池组内温度分布信息及充放电需求,决定主动加热/散热的强度,使得蓄电池尽可能工作在最适合的温度,充分发挥蓄电池的性能。

(8)信息管理。BMS需要集成多个功能模块,并合理协调各模块之间的通信。由于数据量庞大,BMS需要对动力蓄电池的运行数据进行处理和筛选,储存关键数据,并保持与整车控制器等网络节点通信。随着大数据技术的发展,BMS还需要与云端平台进行实时交互,以更好地处理动力蓄电池的管理问题,提高管理品质。

动力蓄电池管理系统功能介绍

BMS是电动汽车中非常重要的一个组成部分,它通过对蓄电池的管理和控制,确保蓄电池的安全性、可靠性和性能稳定性。在未来,随着电动汽车的普及和发展,BMS将会越来越重要,也将会不断地得到改进和完善。

2. 动力蓄电池管理系统拓扑构架

BMS的拓扑结构直接影响系统成本、可靠性、安装维护便捷性以及测量准确性。一般情况下,蓄电池监测回路(Battery Monitoring Circuit,BMC)与蓄电池组控制单元(Battery Control Unit,BCU)共同构成硬件电路部分。根据BMC、BCU与动力蓄电池单体三者之间的结构关系,BMS可分为集中式拓扑结构和分布式拓扑结构。

(1)集中式拓扑结构。

集中式拓扑架构的BMS硬件可分为高压区域和低压区域。高压区域负责进行单体蓄电池电压的采集、系统总压的采集、绝缘电阻的监测。低压区域包括了供电电路、CPU 电路、CAN 通信电路、控制电路等。集中式 BMS 拓扑结构中的 BMC 和 BCU 集成在单个电路板上,实现采集、计算、安全监控、开关管理、充放电控制以及与整车控制器通信等功能,一般应用于动力蓄电池容量低、总压低、蓄电池系统体积小的场合。集中式 BMS 拓扑结构如图 3-1 所示,所有动力蓄电池单体的测量信号被集中传输到单个电路板。

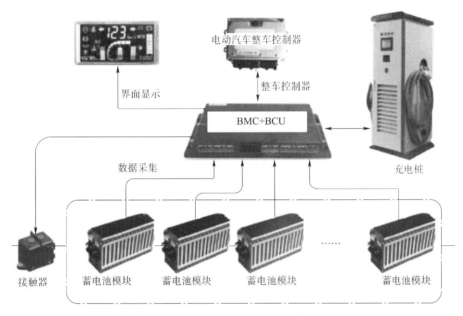

图 3-1 集中式 BMS 系统拓扑结构

集中式 BMS 拓扑结构的主要优点包括:高速的板内通信有利于保证数据的同步采集;结构紧凑,抗干扰能力强;成本较低,仅使用一个封装即可完成 BMS 的全部工作等。同时,集中式 BMS 拓扑结构也存在以下缺点:容易造成大量复杂的布线;当系统的不同部分发生短路和过电流时,难以保护蓄电池系统;考虑到高压安全问题,不同通道之间必须保留足够的安全间隙,最终导致电路板的尺寸过大;由于所有的组件都集中在单一电路板上,可扩展性和可维护性差。

(2)分布式拓扑结构。

2019 款比亚迪 e5 蓄电池管理控制器采用的是分布式拓扑结构,如图 3-2 所示。BMS 中的 BCU 与 BMC 是分开布置的。BCU 主要负责故障检测、蓄电池状态估计、开关管理、充放电控制以及与整车控制器通信;BMC 则用于实现蓄电池单体电压、电流和温度的采集以及安全性和一致性的管理。BCU 和 BMC 之间通过 CAN 总线连接,任何 BMC 都可以与 BCU 通信。每一块 BMC 电路板都属于 CAN 总线的一个节点,且单独与对应的动力蓄电池单体建立连接。因此,BMC 与 BMC 之间同样可以建立通信。

分布式 BMS 拓扑结构的主要优点包括:采集与计算功能分离,故障排查容易,计算效率高;极大简化了系统的结构,布置位置灵活,适用性好;可扩展性更强,若想要增加或减少管理的蓄电池数量,只需要在相应蓄电池附近布置或移除 BMC 电路板,再将它与预留的 CAN

总线接口相连或解开即可。同时，分布式 BMS 拓扑结构也存在以下缺点：部件增多，增加了电路板数量和安装、调试与拆解的步骤；通信网络设计要求高，易形成网络延时，影响采集数据的同步性。

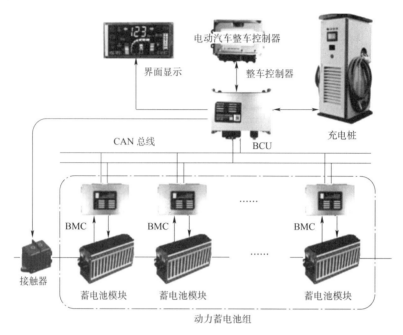

图 3-2 分布式 BMS 系统拓扑结构

3. 动力蓄电池管理系统组成

BMS 是对动力蓄电池进行监控、控制和保护的一系列组件和技术的集合，由蓄电池管理控制器、蓄电池采样线、执行元件、蓄电池信息采集器等组成。

蓄电池管理控制器的主要功能有充放电管理、接触器控制、功率控制、蓄电池异常状态报警和保护、SOC/SOH 计算、自检以及通信功能等。

蓄电池信息采集器的主要功能有蓄电池电压采样、温度采样、蓄电池均衡、采样线异常检测等。

动力蓄电池采样线的主要功能是连接蓄电池管理控制器和蓄电池信息采集器，实现二者之间的通信及信息交换。

执行元件是完成具体的任务，在这里主要指主正接触器、主负接触器和预充接触器的断开和闭合。

蓄电池信息采集器将采集到的各种状态信息通过蓄电池采样线输送到蓄电池管理器，蓄电池管理器根据内部的程序计算、判断，向预充接触器、主正接触器、主负接触器等执行元件发出指令，各个执行元件完成相应的动作，实现控制功能。

4. 动力蓄电池管理系统工作原理

动力蓄电池管理系统与电动汽车的动力蓄电池紧密结合在一起，通过各类传感器对动力蓄电池的电压、电流、温度进行实时检测，同时还进行漏电检测、热管理、蓄电池均衡管理、报警提醒，计算剩余容量（SOC）、放电功率、报告动力蓄电池的健康状况（SOH）和剩余容量

(SOC)状态,还根据动力蓄电池的电压、电流、温度利用算法控制最大输出功率以获得最大行驶里程,以及利用算法控制充电机进行最佳电流的充电,通过 CAN 总线接口与车载总控制器、电机控制器、能量控制系统、车载显示系统等进行实时通信,为电动汽车的能量管理和动力分配控制提供依据。典型的电动汽车动力蓄电池管理系统的工作原理如图 3-3 所示,其基本工作原理如下。

(1)蓄电池参数监测。BMS 通过安装在其上的硬件模块(如电压测量电路、温度测量电路、电流测量电路和控制电路等),实时收集蓄电池组中每个单体蓄电池的电压、温度和电流等参数。

(2)蓄电池状态评估。通过对蓄电池参数的分析,BMS 能够估计蓄电池的剩余容量、健康状况和寿命信息,这有助于电动汽车的能量管理和续航里程预测。

(3)蓄电池温度管理。BMS 通过监测蓄电池组整体的温度,制订并执行温度控制策略,以确保蓄电池工作在一个安全的温度范围内。

(4)蓄充放电控制。BMS 对蓄电池组的充放电电流进行实时控制,保证蓄电池组在安全工作范围内进行充放电。

(5)蓄电池均衡。BMS 通过调整蓄电池组中单体蓄电池的充放电,实现蓄电池组内各单体蓄电池的电荷平衡,提高蓄电池的整体性能和寿命。

(6)故障诊断与保护。BMS 通过持续监测序号电池的状态,能够在蓄电池出现异常情况时,及时发现并诊断蓄电池的问题,并采取相应的保护措施,以确保蓄电池组的安全和可靠运行。

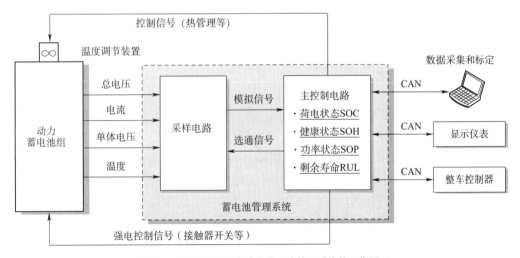

图 3-3 典型的电动汽车动力蓄电池管理系统的工作原理

总的来说,动力蓄电池管理系统是一个集成了硬件模块和软件算法的系统,通过实时的参数监测、智能的计算分析和精密的控制手段,实现对动力蓄电池的有效管理和保护,保障电动汽车的正常运行和使用安全性。

(二)预充控制系统原理

在本书学习任务 2 中已经对预充系统的功能进行了详细介绍,下面以比亚迪 e5 车型为例,介绍预充控制系统的控制原理。

图 3-4 为 2019 款比亚迪 e5 纯电动汽车的动力蓄电池接触器控制电路,即预充控制电路。此预充控制电路主要有主接触器、负极接触器和预充接触器组成,其中预充接触器和主接触器并联,其工作电路一端连接动力蓄电池正极,一端连接充配电总成正极接线口;负极接触器工作电路一端连接动力蓄电池负极,另一端连接充配电总成负极接线口。三个接触器的控制电路都与蓄电池管理器连接,由蓄电池管理器控制其负极端是否搭铁来控制线圈回路的通断,进而控制接触器是否工作。

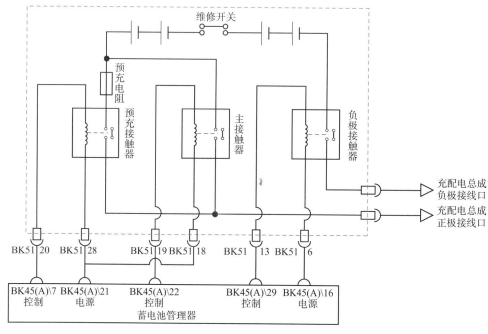

图 3-4 动力蓄电池接触器控制电路

蓄电池管理器通过 CAN 总线采集到上电指令,控制预充电接触器和主负接触器线圈进行搭铁,进而导通高压供电电路,给电机控制器等设备供电,车辆进入预充电过程。由于预充电阻的存在,此时用高压、小电流给各控制器电容充电。当电容两端电压在规定时间内接近蓄电池总电压时(达到企业规定值),完成预充电,否则,预充电失败。预充电失败将无法起动电动汽车,整车故障指示灯点亮。BMS 接收到预充电成功信号,将控制主接触器(主正接触器)闭合,随后控制预充接触器断开,最后有主正接触器、主负接触器工作,输出高压电到各高压用电器。

(三)高压互锁控制系统

1. 高压互锁的功能

高压互锁简介

高压互锁(High Voltage Inter-lock,HVIL)是一种安全设计,它旨在使用低压回路来监控高压回路的完整性,高压连接器出现松动、断开或损坏等完整性受到破坏等情况时,会断开高压电,避免可能接触电动汽车高压部件的人员触电的危险。

高压互锁控制系统的功能主要包括以下三个方面。

(1)整车在高压上电前确保整个高压系统的完整性,使高压处于一个封闭的环境下工作,从而提高安全性。

(2)当整车在运行过程中高压系统回路断开或者完整性受到破坏时,控制系统将启动安全防护,采取应对措施,比如报警、高压断电等。

(3)防止带电插拔高压连接器给高压端子造成的拉弧损坏。如果没有高压互锁设计,断开高压连接点的瞬间,整个回路电压将会全部加在断点两端,电压击穿空气在两个器件之间拉弧,可能对周围人员和设备造成伤害。

2.高压互锁系统的结构及原理

(1)高压互锁系统的结构。高压互锁系统由互锁信号回路、互锁监测器和主动断路器组成。

高压互锁信号回路包括两部分,一部分用于监测高压供电回路的完整性,一部分用来监测所有高压部件保护盖是否非法开启。高压互锁信号线与高压电源线并联,将所有连接的高压部件串接起来组成一个完整的回路,高压部件保护盖与盒盖开关联动,盒盖开关串联在高压互锁信号回路中。图3-5所示为北汽新能源EV200的高压互锁结构图。

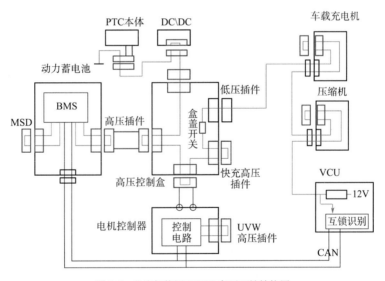

图3-5 北汽新能源EV200高压互锁结构图

互锁监测器包括高压连接器监测器和高压部件开盖监测器。高压连接器监测器的结构如图3-6所示,当检测电路断开的时候,整车控制器或BMS即认定高压插接件松脱,高压互锁回路就会触发高压断电信号,确保整车安全。

高压部件开盖监测器的结构如图3-7所示,互锁监测器一端安装于高压部件保护盖上,另外一端安装于高压部件主体内部,当保护盖开启时连接器也断开,HVIL信号中断。通常需要设置监测器的部件包括驱动电机控制器、高压控制盒等高压部件。

自动断路器即前面讲述的正极接触器、负极接触器,为高压互锁系统切断高压源的执行部件,形式类似于继电器。

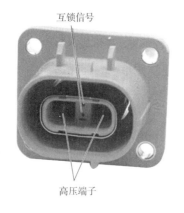

a) 高压互锁母头插接器　　　　　b) 高压互锁公头插接器

图 3-6　高压连接器监测器

图 3-7　高压部件开盖监测器

（2）高压互锁系统的工作原理。整车所有高压连接器连接位置，都需高压互锁信号回路，但互锁回路与高压回路不具有必然的联系。高压互锁设计，可能对某电器设置一个单独的互锁信号回路，也可能把两个或两个以上的互锁信号串联在一个回路中，即互锁回路可设计成并联模式，也可设计成串联模式。

高压互锁装置采用低压导线作为信号线，与高压电源线并联在高压线束护套管内，并将回路中所有高压部件串联起来。由于高压互锁插头中高压电源的正极端子、负极端子与中间互锁端子的物理长度不同（图3-8），所以，当连接高压插头时，高压插头的电源端子会先于互锁端子完成连接；断开高压插头时，互锁端子则先于高压电源的正极端子、负极端子脱开，从而避免了高压环境下拉弧的产生。同时，高压互锁装置内还配备了用于监测高压部件盖板是否可靠关闭的行程开关以及车辆碰撞和翻转信号监测装置，用于触发断电信号，确保在毫秒级时间内断开高压回路，并利用高压系统放电电路将汽车高压部件电容端的电压短时间内释放掉，避免漏电或火灾事故的发生。

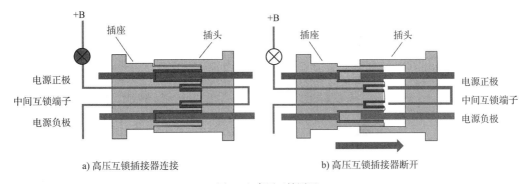

a) 高压互锁插接器连接　　　　　　b) 高压互锁插接器断开

图 3-8　高压互锁原理

3. 高压互锁系统常见故障

高压互锁系统作为一个回路,其故障无非开路与短路,其故障原因主要包括以下几个方面。

(1) 高压互锁开关失效。

关闭盖板之后开关不能闭合是互锁开关常见的故障。该故障可能原因是设计尺寸偏差,导致互锁开关不能闭合。盖板突出的筋结构高度偏低,高压互锁开关不能闭合到位,致使互锁回路开路。设计不合理导致安装过程中互锁开关结构失效致使开关不能闭合。设计互锁开关时,要综合考虑安装可能情况调整开关的朝向,从而避免结构失效。

(2) 端子退针导致开路。

当互锁回路的低压线束中部分线束的端子以及高压用电器和高压互锁回路上的端子质量有问题时,会导致端子退针,使公母端子接触不良。采用"二分法"可以快速精准定位故障位置。需要注意的是,在进行问题排查时,需要使用合适尺寸的探针。探针直径不宜选得过大,否则,会影响到端子的接触质量和寿命。

(3) 互锁端子对地短路。

由高压互锁回路的工作原理可知,虽然回路是通的,但对地短路也会报高压互锁开路。

(4) 动力蓄电池内部故障。

若整车报高压互锁回路故障,而实际检测下来线束是完整的,且没有开路/对地短路的情况,则可带电测量互锁回路是否形成通路,即确认低压线束回路相通,高压线束都连接完好。然后,将高压互锁回路任何一个地方断开,使用欧姆挡测量是否导通,则还可以继续排查验证是否是动力蓄电池内部的故障。

(四) 高压绝缘控制系统

1. 高压绝缘控制系统的功能

高压绝缘是指在高压电场下,为了防止电流泄漏或导电物体与外界的直接接触而采取的绝缘措施。良好的绝缘是确保电气设备与线路的安全运行以及防止人身触电事故发生的最基本的和最可靠的手段。

2. 高压绝缘监控的措施

在新能源汽车上,将交流电压不小于 30V 或直流电压不小于 60V 的电压规定为高压。在《电动汽车安全要求》(GB 18384—2020)中规定,人员触电防护要求应包括四个部分,即高压标记要求、直接接触防护要求、间接接触防护要求和防水要求。

（1）高压标记。

新能源汽车上的高压部件都会在重要部位、接口或者管路上贴有高压警示标志（图3-9），以提醒维修人员、保险人员或者紧急救援人员注意。在维修或者操作高压部件时，需要特别注意安全，避免触电伤身。

a) 高压警示标志　　　　　　b) 高压部件维修前安全提示

图3-9　高压安全标志

（2）直接接触防护。

直接接触防护是通过绝缘材料、遮拦或外壳实现人体与高压部件的物理隔离，遮拦或外壳可以是导体也可以是绝缘体，高压部件布置在外壳或遮拦后，防止从任何方向接近带电部分。通常遮拦或外壳只能通过工具才能打开或者去掉，如果不使用工具的情况下可以打开或去掉，要有某些控制方法使高压带电部件电压在遮拦和外壳打开后1s内降到30V（AC）或60V（DC）或其以下，或者电路存储总能量小于0.2J。在维修或者操作高压部件前，一定要完成高压的验电工作。

（3）间接接触防护。

间接接触防护通常采用绝缘电阻检测和设置等电位联结的方法。在《电动汽车安全要求》（GB 18384—2020）中规定，在最大工作电压下，直流电路绝缘电阻应不小于100Ω/V，交流电路绝缘电阻应不小于500Ω/V。如果直流和交流高压电路可导电的连接在一起，应满足绝缘电阻不小于500Ω/V的要求。《电动汽车安全要求》（GB 18384—2020）中规定，电位均衡通路中任意两个可以被人同时触碰到的外露可导电部分，即距离不大于2.5m的两个可导电部分间阻值应不超过0.2Ω。

电动汽车的高压部件通过等电位线使外露可导电部件直接或通过外壳与车身相连接的方法进行等电位连接后，该设备外壳与车身地为相同电位，如图3-10所示。当设备A和设备B的正极和负极分别发生对外壳漏电故障时，由于两个设备被等电位线短路，高压线路上的熔断丝被烧断，导致整个电路断电，即使操作人员接触到了该带电的设备外壳，也不会有危险的电流流过，从而避免了电击事故的发生。在进行电动汽车维修操作过程中，一定要注意检查等电位线的连接是否完好。

（4）防水。

蓄电池箱体的作用为承载并保护动力蓄电池组及其内部的电气元件，因此，需要蓄电池箱体具有较高的强度和刚度并且防尘防水，蓄电池箱体的防护等级为IP67。同时也加装蓄电池紧急开关和 BMS 漏电保护装置。IP(Ingress Protection)防护等级系统是将电器依其防尘防湿气之特性加以分级。IP 防护等级由两个数字组成,第 1 个数字表示电器防尘、防止外物侵入的等级(这里所指的外物含工具,人的手指等),第 2 个数字表示电器防湿气、防水浸入的密闭程度。数字越大表示其防护等级越高,具体说明见表 3-2。

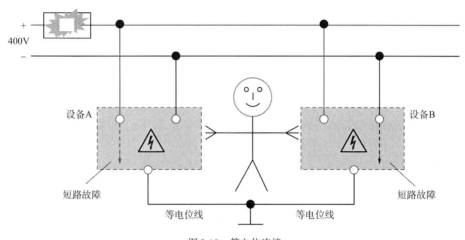

图 3-10　等电位连接

电器防湿气、防水浸入的等级说明　　　　　　　　　　　　　　　　表 3-2

数字	防护范围	说明
0	无防护	对水或湿气无特殊的防护
1	防止水滴浸入	垂直落下的水滴(如凝结水)不会对电器造成损坏
2	倾斜 15°时,仍可防止水滴浸入	当电器由垂直倾斜至 15°时,滴水不会对电器造成损坏
3	防止喷洒的水浸入	防雨或防止与垂直的夹角小于 60°的方向所喷洒的水侵入电器而造成损坏
4	防止飞溅的水浸入	防止各个方向飞溅而来的水侵入电器而造成损坏
5	防止喷射的水浸入	防止持续至少 3min 的低压喷水
6	防止大浪浸入	防止持续至少 3min 的大量喷水
7	防止浸水时水的浸入	在深达 1m 的水中防止 30min 的浸泡影响
8	防止沉没时水的浸入	在深度超过 1m 的水中防止持续浸泡影响。准确的条件由制造商针对各设备指定

3. 动力蓄电池高压绝缘监测原理

动力蓄电池绝缘监测是通过测量蓄电池系统中的绝缘电阻来评估其绝缘性能。绝缘电阻是指蓄电池系统中两个电极之间或电极与车体之间的电阻,它与蓄电池系统的绝缘性能成正相关关系。通常情况下,绝缘电阻越大,表示绝缘性能越好。不同车型的绝缘监测电路不完成相同,但最基本的监测原理相似。下面就介绍绝缘监测的基本原理,如图 3-11 所示。R_x 表示动力蓄电池正极端与车身地之间的绝缘电阻,R_y 表示动力蓄电池负极端与车身地之间的绝缘电阻,$R1$、$R2$ 为已知电阻,当控制开关 K1、K2 断开时,测量蓄电池正极端、负极端与 GND 之间的电压为 $U1$、$U2$，可得：

$$\frac{U1}{R_x} = \frac{U2}{R_y} \tag{3-1}$$

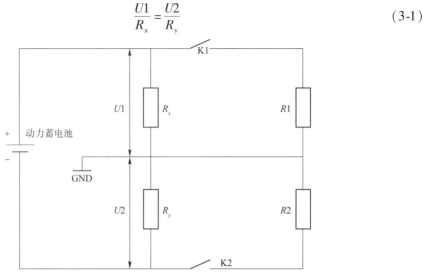

高压绝缘

图 3-11 绝缘监测基本电路

当 K1 闭合、K2 断开，蓄电池正端与 GND 之间接入 $R1$，此时蓄电池正端、负端与 GND 之间的电压为 $U1'$、$U2'$，可得：

$$\frac{U1'}{R_x} + \frac{U1'}{R1} = \frac{U2'}{R_y} \tag{3-2}$$

由上面两个方程式，可以求得 R_x 和 R_y。BMS 通过监测蓄电池正端、负端与 GND 之间的电压为 $U1$、$U2$，可以实时监测绝缘电阻的阻值，进而可以判断其绝缘情况。当 BMS 监测到绝缘电阻值低于规定值时，会根据绝缘阻值大小，生成相应的绝缘故障码。同时，采用不同的故障等级策略，例如限功率行驶、逐渐限制电流输出、立即断开高压等，其中，立即断开高压属于最高等级故障响应。

(五) 动力蓄电池常见故障

动力蓄电池是电动汽车的关键组件之一，其性能和安全性对整个车辆的运行及安全至关重要。然而，由于长期使用和外界环境的影响，动力蓄电池可能会出现各种故障。为了更好地管理和维护动力蓄电池，对其故障进行分类，针对不同的故障类型进行故障检修。

1. 按照故障等级分类

按照故障等级，动力蓄电池故障通常分为三级：一级故障(非常严重)、二级故障(严重)、三级故障(轻微)。

(1) 一级故障。动力蓄电池在正常工作下不会上报该故障，动力蓄电池上报该故障后会造成动力蓄电池系统完全失效，无法继续提供电能。BMS 一旦上报该故障，表明动力蓄电池处于严重滥用状态，请求其他控制器立即(1s内)停止充电或放电。

(2) 二级故障。动力蓄电池正常工作下不会上报该故障，动力蓄电池上报该故障会造成整车进入跛行、暂时停止能量回馈、停止充电。BMS 一旦上报该故障，表明动力蓄电池某些硬件出现故障或动力蓄电池处于非正常的工作条件下。

(3)三级故障。动力蓄电池正常工作状态可能上报该故障,动力蓄电池上报该故障对整车无影响或不同程度地造成整车进入限功率行驶状态。BMS一旦上报该故障,表明动力蓄电池处于极限环境温度下或蓄电池单体一致性出现一定劣化等。

2. 按照故障发生的部位分类

按照故障发生的部位,动力蓄电池故障通常分为:单体蓄电池故障、蓄电池管理系统故障、线路或连接件故障。

(1)单体蓄电池故障。

①单体蓄电池SOC偏低和单体蓄电池SOC偏高。这种情况下蓄电池性能正常,无须更换。如果单体蓄电池SOC偏低,则该蓄电池在汽车行驶过程中,电压最先达到放电截止电压,使得蓄电池组实际容量降低,应对该单体蓄电池进行补充充电。如果单体蓄电池SOC偏高,则该蓄电池在充电末期最先达到充电截止电压,影响充电容量,需对该单体蓄电池进行单独补充放电。

②单体蓄电池容量不足和单体蓄电池内阻偏大。

这种情况蓄电池性能衰退严重,应立即更换。在蓄电池组中,最小的单体蓄电池容量也限制了整个蓄电池组的容量,因此,发生单体蓄电池容量不足故障会影响车辆续驶里程。锂离子蓄电池内阻如果过大,会严重影响蓄电池的电化学性能,如充放电过程中的极化严重、活性物质利用率低、循环性能差等。

③单体蓄电池内部短路、单体蓄电池外部短路。

这种情况影响行车安全。如果单体蓄电池极性装反,在强振动下锂离子蓄电池的极耳、极片上的活性物质、接线柱、外部连线和焊点可能会折断或脱落,造成单体蓄电池内部短路或者外部短路故障。

通常情况下,造成单体蓄电池前两种故障的原因可能包括两个:一是动力蓄电池成组时单体蓄电池一致性问题,单体蓄电池的SOC、容量、内阻本身就存在差异;二是单体蓄电池在成组应用过程中因为应用环境差异(如温度、充放电电流)而造成的一致性差异增加,加剧单体蓄电池的不一致性。

(2)蓄电池管理系统故障。

蓄电池管理系统通常对单体电压、总电压、总电流和温度等进行实时监控采样,并将实时参数反馈给整车控制器。蓄电池管理系统除了对蓄电池性能参数进行监控、实施蓄电池性能管理以外,还具有热管理为主的应用环境管理,实施对蓄电池的加热和冷却,确保蓄电池的良好应用环境温度以及温度场的一致性。

若蓄电池管理系统发生故障,就失去了对蓄电池的监控,不能估计蓄电池的SOC,容易造成蓄电池的过充、过放、过载、过热以及不一致性问题的增加,影响蓄电池的性能、使用寿命和行车安全。蓄电池管理系统故障包括CAN通信故障、总电压测量故障、单体电压测量故障、温度测量故障、电流测量故障、继电器故障、加热器故障和冷却系统故障等。

(3)线路或连接件故障。

线路或连接件故障的诊断对于确保行车安全和整车的可靠性同样重要。例如,因为车辆的振动,蓄电池间的连接螺栓可能会出现松动,蓄电池间接触电阻增大,发生蓄电池间虚接故障,以致蓄电池组内部能量损耗增加,造成车辆动力不足和续航里程短,在极端情况下还能引起高温、产生电弧、熔化蓄电池电极和连接片,甚至造成蓄电池着火等极端蓄电池安全事故。

在电动汽车运行过程中,单体蓄电池之间可能发生相对跳动,造成两蓄电池间的连接片折断。蓄电池箱和电动汽车的电气连接也是故障的高发点,电插接器在经历长时间振动后容易产生虚接,出现易烧蚀、接触不良等故障。

3. 动力蓄电池常见故障处理

针对动力蓄电池不同的故障类型,应采取不同的处理方法,具体操作见表3-3。

动力蓄电池系统常见故障及处理方法　　　　表3-3

项目	故障现象	故障后果	处理方法
单体蓄电池	单体蓄电池SOC偏低	蓄电池组容量降低,电动汽车续航里程短	对单体蓄电池单独充电
	单体蓄电池SOC偏高		对单体蓄电池单独放电
	单体蓄电池容量不足	蓄电池组充电不足、使用寿命减少,电动汽车续航里程短	更换单体蓄电池
	单体蓄电池内阻偏大		
	单体蓄电池过充电	蓄电池内部短路、蓄电池热失控,严重时会起火、爆炸	检查蓄电池管理系统
	单体蓄电池过放电		
	单体蓄电池内部短路	蓄电池热失控严重时会起火、爆炸	更换单体蓄电池
	单体蓄电池外部短路		排除短路故障、更换单体蓄电池
	单体蓄电池极性装反		更换单体蓄电池
蓄电池管理系统	CAN通信故障	无法监控电动汽车	检查CAN网络
	总电压测量故障	无法监控总电压	检查总电压测量模块
	单体电压测量故障	无法监控单体电压	检查单体电压测量模块
	温度测量故障	无法监控蓄电池温度	检查温度测量模块
	电流测量故障	无法监控蓄电池电流	检查电流测量模块
	冷却系统故障	蓄电池温度偏高	检查冷却系统
线路或连接件	蓄电池间虚接	电动汽车动力不足、续航里程短	紧固蓄电池连接
	蓄电池间断路	电动汽车无法起动	检查蓄电池连接
	快速熔断器断开		检查快速熔断器
	动力电插接器断开		检查动力电插接器
	动力电插接器虚接	插接器易烧坏,电动汽车动力不足	
	信号电插接器故障	无法监控电动汽车	检查信号电插接器
	正极、负极、预充接触器故障	电动汽车无法起动	检查接触器
	电源线短路	蓄电池热失控,严重时会起火、爆炸	检查电源线

（六）动力蓄电池的故障检修流程

动力蓄电池的故障检修流程遵循由易入难、由外向内的原则，其故障检修流程如下。

（1）验证故障现象。

首先上车验证故障现象，观察仪表指示灯，可以通过故障警告灯来判断故障点。动力蓄电池系统常见的故障指示灯及其含义见表3-4。

动力蓄电池常见故障指示灯及其含义　　　表3-4

故障灯	含义	故障灯	含义
	车辆动力系统故障		动力蓄电池故障
	动力蓄电池电量不足（需要及时充电，不代表有故障）		动力蓄电池绝缘电阻低
	动力蓄电池切断		动力蓄电池过热

（2）初步诊断。

对车辆进行基本检查。打开发动机舱盖，检测12V蓄电池的电压是否正常，插头是否有松动，线路是否有破损，打开熔断丝、继电器盒检测是否完整。

（3）读取故障信息。

接入诊断仪读取车辆运行数据，查看故障码、数据流，并对其进行分析，确定故障范围。

（4）制订检修计划。

根据初步诊断结果和利用诊断仪读取故障信息，确定故障原因。通过查找维修手册、电路图等资料，制订故障检修计划。

（5）故障检测。

根据制订的故障检修计划，进行故障检测，确认故障点。

（6）排除故障。

通过验证故障现象，确认故障的排除。

（7）车辆检测交付。

故障检修完毕需要完成车辆的检查和交付，同时要做好工具设备的复位和5S工作。

四、任务计划决策

1.动力蓄电池系统故障检修任务计划

根据前面理论知识的学习，获取关键信息，对工作内容进行汇总分类，制订动力蓄电池系统故障检修的工作计划。计划包括所需要的物料清单、工作顺序、工具检查、每一步检查的部位检查点、检查规范和标准、检查结果、检查时间、成本核算、安全与环保、注意事项等，并完成动力蓄电池系统故障检修任务的配件清单和蓄电池系统故障检修操作的计划表。

2.动力蓄电池系统故障检修任务决策

站在企业的角度,确认工作任务计划方案实施的可性性。决策内容包括:设备清单,操作步骤的正确性、规范性和合理性,安全和环保注意事项,工作任务的时间控制和成本控制等工作计划中的具体内容,并完成动力蓄电池系统故障检修的任务决策表。

五、任务实施

1.动力蓄电池系统故障检修任务实施

下面以比亚迪 e5 纯电动汽车为例,按照动力蓄电池系统故障检修流程来实施故障检修。

(1)验证故障现象。

踩下制动踏板,操纵换挡杆至前进挡,观察仪表显示,确认车辆无法上电,并且提示"请检查动力系统",如图 3-12 所示。

解码器操作

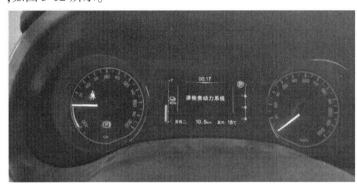

图 3-12 比亚迪 e5 纯电动汽车辆仪表显示

(2)车辆基本检查。

打开发动机舱盖,检测 12V 蓄电池的电压正常,插头无松动,线路是无破损,打开熔断丝、继电器盒检测完整。

(3)接入诊断仪读取故障信息。

查看故障码、数据流,提示信息为:故障码 P1A4200,间歇故障,负极接触器烧结故障。读取数据流显示未预充,并且主接触器、负极接触器、预充接触器、充电接触器、正极接触器都为断开状态。

(4)故障原因分析。

通过前面的初步诊断,锁定故障范围是 BMS 故障,其故障原因主要包括以下几个方面。

①BMS 供电电压异常:首先测量整车接插件处,整车给 BMS 的供电电压是否有稳定的输出。

②动力蓄电池低压插头故障:接插件退针或损坏会导致从板无电源或从板数据无法传输到主板,应检查插头和接插件,发现退针或损坏的进行更换。

③BMS 本身故障:有可能是 BMS 主板等自身问题导致 BMS 无法正常工作。

④线束问题:BMS 与动力蓄电池低压插头之间的线束出现断路或者短路,会导致动力蓄电池与 BMS 之间无法进行数据传输。

⑤预充电路问题:主正接触器、主负接触器或者预充接触器接触有问题,也会导致高压无法上电。

(5)BMS 控制系统电路分析。

比亚迪 e5 纯电动汽车动力蓄电池包预充电路(图 3-4)包括主正接触器、主负接触器和预充接触器,其中预充接触器和主正接触器并联。三个接触器线圈的供电和接地都有 BMS 控制,BK45(A)/21 是 BMS 对预充接触器和主正接触器的公共供电端子,BK45(A)/7 和 BK45(A)/22 分别是预充接触器和主正接触器通过 BMS 的接地端子,BK51/28 和 BK51/20 分别是预充接触器线圈在蓄电池包一端的供电和接地控制端子,BK51/18 和 BK51/19 分别是主正接触器线圈在蓄电池包一端的供电和接地控制端子。BK45(A)/16 和 BK45(A)/29 分别是 BMS 对负极接触器线圈的供电和接地端子,BK51/6 和 BK51/13 分别是主正接触器线圈在蓄电池包一端的供电和接地控制端子。三个接触都是由 BMS 通过控制其接触器线圈的接地端来控制其是否工作。

(6)故障产生的范围。

针对上述故障现象,可以确定其故障范围为 BSM 供电、动力蓄电池低压插头故障、BMS 自身故障、线束故障、预充电路故障。

(7)故障诊断。

针对上述故障现象,按照上面的故障诊断流程,进行故障诊断。

> **注意事项:**
> 当动力系统处于工作状态或者充电时不要维修高压部分!

①查看比亚迪 e5 纯电动汽车电路,查找 BMS 和动力蓄电池低压插接件的位置及其端视图,如图 3-13 和图 3-14 所示。

②按下 power 键,测量 BK45(A)/16 对地之间的电压为 12V,正常。

③读取 BK51/6 的对地电压值,结果为 12V,正常。

④检测 BK51/13 的对地电压值为 12V,正常。只是打开 power 键,未启动车辆时,BMS 没有控制 BK45(A)/29 端子接地,此时电压应该为 12V。

⑤检测 BK45(A)/29 对地电压值为 0,异常。正常电压应该为 12V。

⑥断电后,用电阻挡测量 BK51/13 与 BK45(A)/29 之间线束电阻为无穷大。

⑦确定故障点为 BK51/13 与 BK45(A)/29 之间线束出现断路。

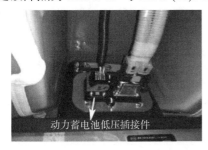

图 3-13 动力蓄电池包低压插接件 BK51

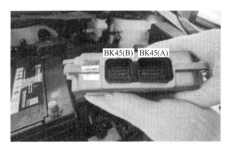

图 3-14　蓄电池管理器插接件 BK45

(8) 故障排除。

①完成高压断电。

②拔下线束插头。

③更换低压线束。

④按照相反的顺序进行安装。

⑤查看仪表信息,重新使用诊断系统,再次确认故障是否已经排除。

⑥竣工检查,对车辆和场地进行 5S 管理。

2. 动力蓄电池系统故障检修任务工单

(1) 完成动力蓄电池系统故障检修任务实施方案工单。

在实施动力蓄电池系统故障检修任务实操之前,完成实施方案工单,见表 3-5。

动力蓄电池系统故障检修任务实施方案工单　　表 3-5

班级			姓名	
学号			指导教师	
项目名称	动力蓄电池系统故障检修		工作任务	动力蓄电池系统故障检修任务实施方案

1. 动力蓄电池系统故障检修任务配件清单

序号	名称	品牌	型号	数量	备注
1					
2					
3					
4					
……					

2. 动力蓄电池系统故障检修操作计划表

序号	操作步骤及内容	工具设备	技术标准规范	注意事项
1				
2				
3				
4				
……				

续上表

3.动力蓄电池系统故障检修任务决策表

决策类型	决策方案
与师傅一起决策	
改进建议或决策结果	

(2)完成动力蓄电池系统故障检修任务工单。

在实施动力蓄电池系统故障检修任务过程中,完成任务实操工单,见表3-6。

动力蓄电池系统故障检修任务工单　　　　　表3-6

班级		姓名	
学号		指导教师	
项目名称	动力蓄电池系统故障检修	工作任务	电池管理系统故障检修

1.任务准备

作业内容	操作要点	结果记录
场地准备	设置隔离栏	□正常　□异常:_____
	设置安全警示牌	□正常　□异常:_____
	检查灭火器	□正常　□异常:_____
检查防护套装	绝缘手套的检查:气密性、耐压等级、生产日期等	□正常　□异常:_____
	护目镜的检查	□正常　□异常:_____
	安全帽的检查	□正常　□异常:_____
	穿着绝缘服、绝缘鞋	□正常　□异常:_____
检查工具套装	绝缘测试仪检测:"TEST"功能检测、开路绝缘电阻、短路绝缘电阻	□正常　□异常:_____
	万用表检测和校零	□正常　□异常:_____
	绝缘工具是否齐全	□正常　□异常:_____
	诊断仪的检查	□正常　□异常:_____
	维修手册、电路图检查	□正常　□异常:_____
安全防护	安装车辆挡块	□正常　□异常:_____
	安装翼子板布、格栅布	□正常　□异常:_____
	安装座椅套、转向盘套、换挡杆套、脚垫纸	□正常　□异常:_____
	检查电子驻车	□正常　□异常:_____
	检查是否在P挡	□正常　□异常:_____
	降下驾驶人侧车窗玻璃	□正常　□异常:_____

续上表

2. 基本检查

作业内容	操作要点	结果记录
车辆信息	车辆 VIN 码	
	品牌	
	生产日期	
	动力蓄电池工作电压	
	行驶里程	
安全检查与仪器连接	测量低压蓄电池电压	实测值：_____ V，标准值：11~14V 判断结果：□正常 □异常
	检查高压部件及插接器连接情况	□正常 □异常：_____
	检查低压部件及插接器连接情况	□正常 □异常：_____

3. 故障现象确认

作业内容	操作要点	结果记录
打开一键起动开关	按下 power 键，将钥匙放在车内	□完成 □未完成：_____
起动车辆	踩住制动踏板，按下 power 键	□完成 □未完成：_____
观察仪表信息	OK 指示灯点亮	□正常 □异常：_____
	故障指示灯等提示信息	□正常 □异常：_____

4. 读取故障码、数据流

作业内容	操作要点	结果记录
连接诊断仪	将 OBDⅡ接口与接收器相连	□完成 □未完成：_____
	将 OBDⅡ接口与车辆诊断座连接	□完成 □未完成：_____
打开一键起动开关	按下 power 键	□完成 □未完成：_____
选择相应车型并读取故障码	选择比亚迪 e5 通用型进入诊断模块，正确读取故障码	□无 DTC □有 DTC：_____
读取动力蓄电池相关数据流		

5. 分析故障原因

作业内容	操作要点	结果记录
查找 2019 款比亚迪 e5 蓄电池管理器电路图，分析故障原因	结合故障现象、故障码、数据流、电路图进行综合分析，并确定故障范围	

续上表

6. 故障检测

作业内容	结果记录	备注
	实测值：_____，标准值：_____ 判断结果：□正常　□异常	※作业内容要注明测试条件、插件代码和编号，控制单元针脚代号等
	实测值：_____，标准值：_____ 判断结果：□正常　□异常	
	实测值：_____，标准值：_____ 判断结果：□正常　□异常	
	实测值：_____，标准值：_____ 判断结果：□正常　□异常	
……		

7. 故障检修

作业内容	操作要点	结果记录
根据测量找出故障点	记录最小故障范围	
判断故障类型	根据实际诊断结果确定（断路故障、短路故障、接触不良、元件损坏或老化）	
故障排除	根据实际诊断结果确定（检修、清洁或更换）	

8. 竣工检查

作业内容	操作要点	结果记录
车辆上电	安装高压维修开关、12V蓄电池负极	□完成　□未完成：_____
查看仪表信息	踩下制动开关，同时按下 power 键	□正常　□异常：_____
查看故障信息	接入诊断仪，再次确认故障码是否清除	□正常　□异常：_____

9. 作业场地恢复

作业内容	操作要点	结果记录
场地恢复	升起驾驶人侧车窗玻璃	□完成　□未完成：_____
	关闭一键起动开关	□完成　□未完成：_____
	拆卸翼子板布、格栅布	□完成　□未完成：_____
	拆卸座椅套、转向盘套、换挡杆套、脚垫纸	□完成　□未完成：_____
	将高压警示牌等收回原位置	□完成　□未完成：_____
	清洁、整理场地	□完成　□未完成：_____

六、任务检查交付

1. 动力蓄电池系统故障检修任务检查

依据任务计划单、实施流程、企业维修手册等,对动力蓄电池系统故障检修任务的完成情况进行检查,并记录存在的问题及改进意见,完成任务检查单,见表3-7。

动力蓄电池更换任务检查单　　　　　表3-7

检查项目	检查内容	问题记录	处理意见
任务实施过程			
质量标准			
任务结果			

2. 动力蓄电池系统故障检修任务交付

技师完成任务实施后,需要将车辆移交给质检员做最后的检查。在交付车辆前,需要向质检员交接以下项目,并完成车辆交付单,见表3-8。

(1)核实检查《任务委托书》,以确保顾客委托的所有维修项目的书面记录都已完成,并有质检员签字。

(2)实车核对《任务委托书》,以确保顾客委托的所有维修项目在车辆上都已完成。

(3)确认故障已消除,必要时试车。

(4)确认从车辆上更换下来的旧件。

(5)确认车辆内外清洁度(包括无灰尘、油污、油脂)。

(6)其他检查:除车辆外观外,不遗留抹布、工具、螺母、螺栓等。

车辆交付单　　　　　表3-8

交付项目	检查结果	交车确认
维修项目全部完成	□是　□否	签字:
车辆清洁	□外观　□烟灰缸　□内饰　□前舱	
增值服务完工确认	□车辆健诊服务 □售后服务六件套 □维护里程及时间提醒设置更新	

七、总结评价

1. 动力蓄电池系统故障检修任务总结

(1)动力蓄电池管理系统的功能。

①电池参数检测。

②电池状态估算。

③在线故障诊断。

④安全控制与报警。
⑤充放电控制。
⑥电池均衡管理。
⑦热管理。
⑧信息管理。

(2)动力蓄电池管理系统结构组成。

BMS由电池管理控制器(BMC)、电池信息采集器、电池采样线等组成。

(3)动力蓄电池管理系统的工作原理。

BMS通过实时的参数监测、智能的计算分析和精密的控制手段,实现对动力蓄电池的有效管理和保护,保障电动汽车的正常运行和使用安全性。

(4)比亚迪e5预充控制系统。

BMS通过CAN总线采集到上电指令后将控制预充接触器和主负接触器闭合,进入预充电过程,当电容两端电压在规定时间达到预充电压时,完成预充电。BMS控制主正接触器闭合,随后控制预充接触器断开,最后有主正接触器、主负接触器对外输出高电压。

(5)高压互锁控制系统。
①高压互锁的功能。
使用低压回路来监控高压回路的完整性。
②高压互锁系统的结构。
高压互锁系统有互锁信号回路、互锁监测器和主动断路器组成。

(6)高压绝缘控制系统。
①高压绝缘控制系统的功能。
防止电流泄漏或导电物体与外界的直接接触而采取的绝缘措施。
②高压绝缘监控的措施。
高压标记、直接接触防护、间接接触防护、防水等。
③动力蓄电池高压绝缘监测原理。
通过测量电池系统中的绝缘电阻来评估其绝缘性能。

(7)动力蓄电池常见故障。
①故障等级。
一级故障(非常严重)、二级故障(严重)、三级故障(轻微)。
②故障类型。
单体电池故障、电池管理系统故障、线路或连接件故障。

(8)能力点总结。
①动力蓄电池系统故障现象验证。
②动力蓄电池系统故障初步诊断。
③动力蓄电池系统故障信息读取。
④动力蓄电池系统故障检修计划制定。
⑤动力蓄电池系统故障检测。

⑥动力蓄电池系统故障排除。
⑦车辆交付。

2.动力蓄电池系统故障检修任务综合职业能力评价

针对学生实施动力蓄电池检修任务的过程进行评价,可以采用学生自评、小组评价、教师评价等多种形式,目的是考查学生的专业能力和非专业能力,见表3-9。

动力蓄电池更换任务实施评价表 表3-9

一级指标	二级指标	配分	得分
1.专业能力	做好准备工作	5分	
	规范操作	5分	
	正确查看仪表信息	5分	
	正确完成高压断电	5分	
	正确验证故障现象	5分	
	正确完成故障的初步诊断	5分	
	正确读取并记录故障信息	5分	
	正确制定故障检修计划	5分	
	正确完成故障检测	10分	
	正确完成故障排除	5分	
	正确完成车辆交付	5分	
2.非专业能力	严格遵守环保要求	5分	
	严格把控操作时间,注重工作效率	5分	
	主动解决问题	5分	
	团队协作	5分	
	安全意识	5分	
	信息查找	5分	
	逻辑思维	5分	
	精益求精的工匠精神	5分	
总计		100分	

八、巩固拓展

新任务迁移:其他车型的动力蓄电池更换。

通过查阅资料,参考前面学习的动力蓄电池系统故障检修的流程和比亚迪e5动力蓄电池系统故障检修的实施操作,制订出其他车型的动力蓄电池系统故障检修的工作计划及操作流程。

练习题

一、填空题

1.电池管理器由_____、_____、_____以及信号线等组成。

2. 高压互锁装置采用低压导线作为_____,与高压电源线_____联在高压线束护套管内,并将回路中所有高压部件串联起来。

3. 高压互锁系统由_____、_____和主动断路器组成。

4. 比亚迪 e5 的动力蓄电池接触器的线圈由_____控制。

二、选择题

1. 高压断电后为何要静置 5min 以上(　　)。
   A. 电容充分放电　　　　　　　　B. 动力电池包放电
   C. 冷却高压系统　　　　　　　　D. 防止电磁感应产生电

2. 《电动汽车安全要求》(GB 18384—2020)中规定:交流电路绝缘电阻的最小值应至少大于(　　)Ω/V。
   A. 500　　　　　　　　　　　　B. 300
   C. 200　　　　　　　　　　　　D. 100

3. 高压互锁锁止的原因可能是(　　)。
   A. 高压接插件断开　　　　　　　B. 保险烧毁
   C. 高压用电器不工作　　　　　　D. 整车不能上高压

4. 属于动力蓄电池管理系统故障的是(　　)。
   A. 单体蓄电池严重不足　　　　　B. CAN 通信故障
   C. 蓄电池间虚接　　　　　　　　D. 正极接触器故障

5. BMS 碰撞信号被触发之后,会造成(　　)。
   A. 整车无电　　　　　　　　　　B. 整车断高压
   C. 不能下电　　　　　　　　　　D. 防盗失效

6. 车辆行驶过程中,SOC 突然从 30% 跌到 0%,原因可能是(　　)。
   A. 电机功率过大,将电池电量消耗光了
   B. PTC 功率增大,耗电加剧
   C. 单体电池电压达到预设的放电截止电压
   D. 压缩机功率过大,耗电量加剧

7. 拔下高压插接件,整车正常上电、行驶,可能原因是(　　)。
   A. 高压插接件损坏　　　　　　　B. 高压互锁电源保险损坏
   C. 高压互锁未搭铁　　　　　　　D. 高压互锁检测模块损坏

三、简答题

1. 动力蓄电池管理系统有哪些功能?
2. 高压互锁系统的功能是什么?它是如何工作的?
3. 请简述动力蓄电池系统故障检修的一般操作流程。

学习任务4
交流充电系统故障检修

> **知识目标**
> 1. 掌握新能源汽车交流慢充系统的结构组成；
> 2. 掌握新能源汽车交流慢充系统的控制流程；
> 3. 掌握新能源汽车交流慢充系统的控制策略；
> 4. 掌握新能源汽车交流慢充系统无法充电故障分析方法。

> **技能目标**
> 1. 能够在新能源整车上识别交流慢充系统的结构组件并正确进行充电操作；
> 2. 能够熟练使用电路图及维修手册，具备采集交流充电系统数据能力；
> 3. 能够进行新能源汽车交流慢充系统无法充电故障诊断及排除。

> **素养目标**
> 1. 通过实际操作交流慢充系统无法充电故障诊断及排除，培养创新、专注的精神；
> 2. 通过在工作过程中与其他成员合作交流，培养团队合作、协调工作能力。

 课程思政点睛

本任务主要帮助学生认识创新、专注的精神在工作中的重要性。同学们在完成学习任务的过程中，通过角色扮演、小组讨论、实践操作等活动，培养创新与专注精神。在中国有很多关于创新、专注的榜样，比如屠呦呦，她是中国中医科学院中药研究所青蒿素研究中心主任，曾获诺贝尔医学奖、国家最高科学技术奖。屠呦呦在20世纪70年代就专注于青蒿素的研发工作，在研发青蒿素的过程中，采用了创新的研究方法。她通过对中药的化学成分进行分析，成功地分离出青蒿素的活性成分。此外，她还通过现代药理学和临床试验等方法，证明了青蒿素在治疗疟疾方面的有效性。屠呦呦在对青蒿素的研究中展现出专注的科研能力和创新精神，她的研究成果为全球抗击疟疾做出了巨大贡献。

一、任务接受

1. 学习情景描述

一辆行驶里程约为30000km的2019款比亚迪e5轿车，车主反映车辆可以正常行驶，快充正常，但是无法进行交流充电。经过车间主管检查后发现，该车交流充电异常，需要对其交流充电系统进行检测维修。作为一名维修人员,请严格按照相关的作业标准,对该车辆的交流充电系统进行数据采集、分析并查找异常数据,进行故障排除。

2. 交流充电系统故障诊断任务工单

交流充电系统故障诊断任务工单见表4-1。

交流充电系统故障诊断任务工单 表4-1

服务站名称		工单类型		服务顾问	
车主姓名		车主手机号		送修人	
送修时间		预计交车时间		行驶里程(km)	
送修问题	一辆行驶里程约为30000km的2019款比亚迪e5轿车,车主反映车辆无法进行交流充电				
检查结果	检测维修交流充电系统				

二、任务分析

本任务实施前,请完成下列活动。

(1)同学们通过分析任务,思考并写出完成客户委托任务需要的关键信息。

(2)通过小组合作,讨论本组完成客户委托任务的关键点和难点以及需要进行哪些操作。

(3)各个小组分别进行展示分享,相互提出改进意见。

三、理论学习

(一)交流充电系统概述

1. 交流充电系统定义

电动汽车充电可分为直流充电和交流充电。交流充电(AC charging)是电动汽车补充电能常见的方式,指通过交流电对带充电系统的新能源汽车的动力蓄电池组充电。进行交流充电时,车辆的车载充电机必须将交流电整流成直流电,并调节充电电压,使其符合动力蓄电池组的要求。交流充电的特点是充电电流小,充电时间较长(交流充电又称为慢充)。

2. 充电模式

根据《电动汽车传导充电系统 第1部分:通用要求》(GB/T 18487.1—2015),电动汽车充电有4种模式。充电模式是连接电动汽车到电网(电源)给电动汽车供电的方法。

(1)充电模式1。充电系统使用家用和类似用途的插座和插头,能量传输过程采用单相交流供电,不允许超过250V、8A,在电源侧使用了剩余电流保护器。充电模式1没有控制导引功能,只是采用家用插头和插座插拔,如图4-1所示。

图4-1 充电模式1

(2)充电模式2。充电系统使用家用和类似用途的16A插座和插头时,输出不能超过13A,使用家用和类似用途的10A插座和插头时,输出不能超过8A。在电源侧使用了剩余电流保护器。充电模式2采用了缆上控制与保护装置IC-CPD,如图4-2所示。

图4-2 充电模式2

(3)充电模式3。用于电动汽车连接到交流供电设备,即将电动汽车与交流电网连接起来,采用专用供电设备为电动汽车充电。当电动汽车专用供电设备上具有多个充电枪时,每一个充电枪应具有专用保护装置,并采用了控制导引功能,可独立运行。在电源侧使用了剩余电流保护器,如图4-3所示。

图4-3 充电模式3

(4)充电模式4。用于电动汽车连接到直流供电设备,即电源采用交流电网(整流为直流电)或直流电网,如图4-4所示。

图4-4 充电模式4

3.连接方式

根据《电动汽车传导充电系统 第1部分:通用要求》(GB/T 18487.1—2015),电动汽车连接方式有3种,分别为:连接方式A、连接方式B、连接方式C。连接方式是使用电缆和连接器将电动汽车接入电网(电源)的方法。

(1)连接方式A。将电动汽车和交流电网连接时,电动汽车自身携带电缆组件和供电插头,如图4-5所示。注:电缆组件是车辆的一部分。

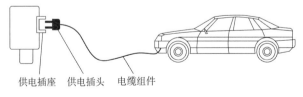

图4-5 连接方式A

(2)连接方式 B。将电动汽车和交流电网连接时,电缆组件和供电插头是独立可拆卸的,如图 4-6 所示。注:可拆卸电缆组件不是车辆或者充电设备的一部分。

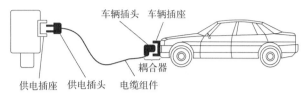

图 4-6　连接方式 B

(3)连接方式 C。将电动汽车和交流电网连接时,电缆组件、车辆插头(充电枪)和供电设备永久连接在一起,电动汽车上具有车辆插座,如图 4-7 所示。注:电缆组件是充电设备的一部分。

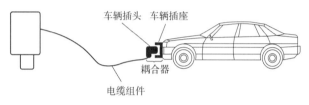

图 4-7　连接方式 C

4.交流充电系统的工作要求

交流充电系统在运行过程中需要满足一系列的要求,以确保其安全、有效地为电动汽车提供电能。这些要求包括:

(1)供电电源(220V 和 12V)及充电机工作正常;
(2)充电连接确认信号正常;
(3)充电唤醒信号(12V)输出正常;
(4)动力蓄电池电芯温度为 0~45℃;
(5)单体蓄电池最大电压差小于 0.3V;
(6)单体蓄电池最大温度差小于 15℃;
(7)交流充电桩、蓄电池管理系统(BMS)间通信正常;
(8)高低压电路正常;
(9)单体蓄电池最高电压不大于额定电压 0.4V;
(10)绝缘性能大于 20MΩ。

(二)交流充电系统结构组成

新能源汽车交流充电系统外部设备由充电设备即交流充电桩和充电枪组成,如图 4-8 所示。车上设备由车载充电机、DC/DC 变换器、高压控制盒、动力蓄电池、慢充口、慢充线束等部件组成,如图 4-9 所示。

通过车载充电机将 220V 单相交流电或者 380V 的三相交流电转换为车辆充电所需的高压直流电,通过高压控制盒将高压直流电输送给动力蓄电池。在充电过程中,车载充电机、BMS、VCU、慢充桩等部件通过 CAN 总线进行信息交换。

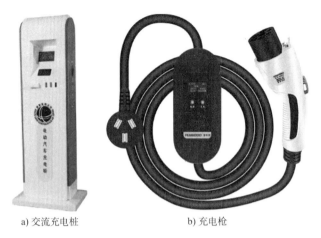

a) 交流充电桩　　　　　　　　b) 充电枪

图 4-8　交流充电桩和充电枪

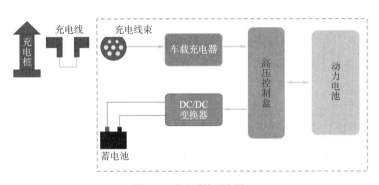

图 4-9　充电系统示意图

1. 交流充电桩

交流充电桩俗称"慢充桩",是固定安装在电动汽车外、与交流电网连接,为新能源汽车车载充电器(即固定安装在电动汽车上的充电器)提供交流电源的供电装置。交流充电桩只提供电力输出,没有充电功能,需连接车载充电机为电动汽车充电,相当于只是起了一个控制电源的作用。

按照安装方式不同,交流充电桩可分为落地式、壁挂式以及便携式,如图 4-10 所示。其中,落地式交流充电桩常见于公共充电场所,壁挂式交流充电桩常见于私人车位,便携式交流充电桩常见于民用供电插座。

a) 落地式交流充电桩　　　　b) 壁挂式交流充电桩　　　　c) 便携式交流充电桩

图 4-10　交流充电桩类型

2. 交流充电枪

交流充电枪有多种形式,图 4-11 所示为新能源汽车便携式充电枪,主要由交流供电插头、缆上控制盒、电缆和交流充电枪(车辆插头)组成。

图 4-11 便携式充电枪组成

交流供电插头的作用是给供电装置控制盒引入单相 220V 交流电源,要求交流插头保护地线应可靠连接。缆上控制盒是具备控制和安全功能的装置,其作用是监测车辆连接插头与车辆的连接状态,并与车辆进行交互确认充电状态,从而控制交流电源的输出并监测输出电流的大小,通过指示灯指示充电及故障状态。充电枪的作用是连接充电设备与电动汽车,将电能传输到电动汽车动力蓄电池。

交流充电枪(车辆插头)端子采用凹孔凸针的设计,端子长短不一,保护地线 PE 端子最长。在充电连接过程中,首先接通保护接地线,然后接通电源线,最后接通控制导引线和充电连接确认线。在脱开的过程中,首先断开控制导引线和充电连接确认线,最后断开保护接地线。车辆接口的电气连接界面如图 4-12 所示。

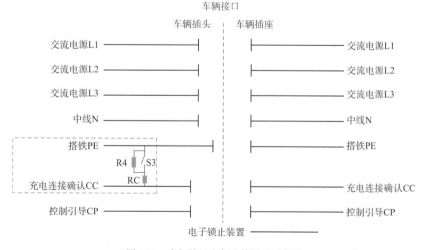

图 4-12 车辆接口电气连接界面示意图

交流充电枪执行《电动汽车传导充电用连接装置 第2部分:交流充电接口》(GB/T 20234.2—2015)。其各端子布置及含义如图4-13所示。车辆采用单相供电时,L2和L3预留。车辆采用三相供电时,交流电网三相电分别连接L1、L2、L3。

交流充电口介绍

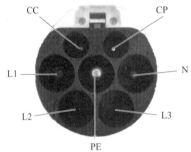

端子	功能
CC	充电连接确认
CP	控制引导确认
N	零线
PE	车身地(搭铁)
L1	交流电源相线1
L2	交流电源相线2
L3	交流电源相线3

图4-13 充电枪端子布置及含义

交流充电枪主要包括:连接端子、机械锁、开关S3、电阻RC及电阻R4,如图4-14所示。不同类型的充电导线,规定不同的充电电流,由车载充电机检测充电枪内CC线的RC阻值来区分。不同的RC阻值对应不同的充电电流,见表4-2。

a) 交流充电枪机械锁

b) 交流充电枪开关及端子

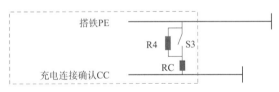

c) 交流充电枪内部结构示意图

图4-14 交流充电枪组成结构

RC电阻对应的充电电流　　　　　　　　　　　表4-2

RC阻值(Ω)	R4阻值(Ω)	充电电流(A)
1500	1800	10
680	2700	16
220	3300	32
100	3300	64

3. 慢充口

新能源汽车交流充电口固定安装在车辆上，与充电枪一一对应，共同构成车辆接口。图 4-15 所示为比亚迪 e5 慢充口的固定位置，其位于车辆前端。

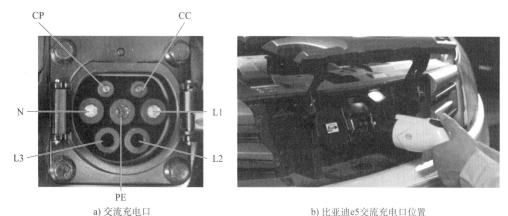

a) 交流充电口　　　　　　　　　b) 比亚迪e5交流充电口位置

图 4-15　慢充口

4. 车载充电机

根据《电动汽车用传导式车载充电机》(GB/T 40432—2021)，车载充电机(On-board Charger)是固定安装在车辆上，将符合公共电网的电能变换为车载储能装置所要求的直流电，并给车载储能装置充电的设备。图 4-16 为北汽 EV200 车载充电机外部结构图，该结构为单体式的车载充电机。

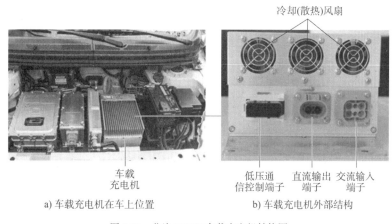

a) 车载充电机在车上位置　　　　　b) 车载充电机外部结构

图 4-16　北汽 EV200 车载充电机结构图

（1）车载充电机外部结构。车载充电机外部结构主要包括直流输出端子、交流输入端子、低压通信控制端子和冷却风扇。

①直流输出端子。该端子接口是通过高压控制盒与动力蓄电池连接的直流输出接口。

②交流输入端子。该端子接口通过高压线与慢充充电口连接。

③低压通信控制端子。该端子接口通过低压线束与 VCU、高压控制盒低压插件、压缩机低压插件等接口连接。

④冷却风扇。车载充电机在长时间大电流充电状况下,车载充电机内的电子元器件会产生大量的热量。车载充电机风冷系统的作用是将外部冷空气吸入充电机内部,并将内部热空气排出,确保车载充电机在高温环境下能够正常工作,避免因过热而导致设备损坏或性能下降。同时,风冷系统还可以提高设备的可靠性和使用寿命。随着新能源汽车热管理技术的发展,水冷技术也被越来越多的新能源汽车企业采用。

（2）车载充电机内部结构。车载充电机内部可分为3部分：主回路、控制电路、线束及标准件。

①主电路。该部分主要负责将交流电转换为直流电给动力蓄电池进行充电。它包括前端和后端两部分。前端将交流电转换为恒定的直流电。后端为DC/DC变换器,将前端转出的直流高压电变换为合适的电压及电流供给动力蓄电池。

②控制电路。控制电路的核心是控制器,控制MOS管的开关,与BMS之间通信,监测充电机的状态,与充电桩握手等功能。充电机控制主要是对主电路进行控制、监测、计量、计算、修正、保护以及与外界网络通信等功能,是车载充电机的"中枢大脑"。

③线束及标准件：用于主电路及控制电路的连接,固定元器件及电路板。

（3）车载充电机保护功能。

①交流输入过压、欠压保护。车载充电机的交流输入电压不小于过压保护值或不大于欠压保护值时,应停止功率输出。故障排除后,可自动恢复输出或经过必要的人为干预后恢复输出。

②缺相保护。三相车载充电机,当交流输入出现任意相电压缺相时,可降额工作或停止功率输出。故障排除后,可自动恢复输出或经过必要的人为干预后恢复输出。

③直流输出过压、欠压保护。车载充电机的直流输出端电压不小于过压保护值或不大于欠压保护值时,应停止功率输出。故障排除后,可自动恢复输出或经过必要的人为干预后恢复输出。

④输出短路保护。车载充电机输出端应具备短路保护,当直流输出端发生短路,应停止功率输出。故障排除后,可自动恢复输出或经过必要的人为干预后恢复输出。

⑤过温保护。车载充电机应具备过温保护,当环境温度或冷却液温度达到温度保护值时,应采取降功率输出或停止功率输出。故障排除后,可自动恢复输出或经过必要的人为干预后恢复输出。

⑥输出反接保护。对于输出端口回路未做任何结构防反处理的车载充电机,直流输出端正负极与车载储能装置的正负极反接时,通电后应无输出功率。故障排除后,车载充电机应能额定功率工作。

（4）车载充电机要求。对车载充电机的要求主要包括以下几方面。

①车载充电机易触及的表面应无毛刺、飞边及类似尖锐边缘；外表面应无明显的破损、变形等缺陷；车载充电机的接线端或引出线应完整无损,紧固件连接应无松脱。

②能够通过软硬件的合理配置实现输出电压和输出电流的调节,从而改变输出功率以适合电动汽车动力蓄电池组的充电需求。

③自动控制充电过程,实现智能充电；具有过压、过流等多重保护功能。

④符合国家及相关行业标准;安全系数高,对使用人员的人身安全不构成危害,使用简易方便。

⑤可实现快速充电,且能有效延长蓄电池的寿命;充电效率高,最大限度地合理利用电能。

车载充电机
功能介绍

5. 充配电总成

新能源汽车高压部件模块高度集成化已是发展趋势,图 4-17 所示为比亚迪高压三合一充配电总成。该套高压三合一充配电总成将 DC/DC 变换器、车载充电机 OBC 以及高压配电箱 PDU 进行高度集成。其中,DC/DC 变换器的功能是将高压直流电转化为低压直流电给 12V 蓄电池充电,并与低压蓄电池一起为低压电器系统供电;高压配电盒的功能主要是将动力电池的高压直流电根据系统的需要分配到车辆各高压部件,同时还具有电流检测、漏电监测等其他辅助检测功能。

a) 充配电总成整体结构

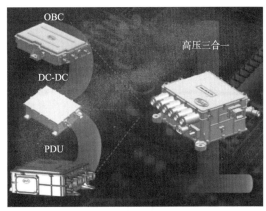
b) 充配电总成分解图

图 4-17 比亚迪高压三合一充配电总成

充配电总成整个铝合金箱体设计成正反两面,一侧主要是高压配电部分,而另一侧主要是高压的 DC/DC 变换器、OBC 等功率电子控制的部分。

(三) 交流充电系统充电时序

交流充电系统充电时序就是连接确认(CC 信号)与控制引导(CP 信号)的过程。以充电模式 3 连接方式 B 的交流充电原理图来讲解充电系统充电时序,如图 4-18 所示。

(1) 供电接口连接确认。

供电控制装置通过测量检测点 4 的电压值来判断供电插头与供电插座是否完全连接。当将测点 4 的电压检测到为接地时,说明供电接口连接完成。

(2) 车辆接口连接确认。

车辆控制装置通过测量检测点 3 与 PE 之间的电阻值来判断车辆插头与车辆插座是否完全连接。未连接时,S3 处于闭合状态,CC 未连接,监测点 3 与 PE 之间的电阻值为无限大;半连接时,S3 处于断开状态,CC 已连接,监测点 3 与 PE 之间的电阻值为 RC + R4;完全连接时,S3 处于闭合状态,CC 已连接,监测点 3 与 PE 之间的电阻值为 RC,检测点 3 与 PE 之间电阻值变化关系见表 4-3。

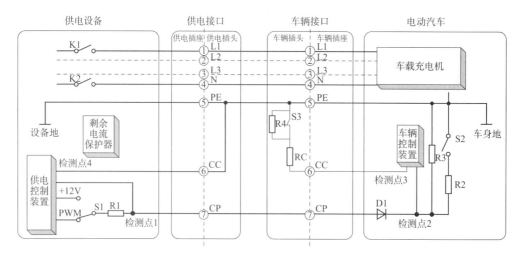

图 4-18　充电模式 3 连接方式 B 的交流充电原理图

检测点 3 与 PE 之间电阻值变化关系　　表 4-3

车辆插头与车辆插座连接状态	S3 状态	CC 连接状态	检测点 3 与 PE 之间的电阻值
未连接	闭合	未连接	无限大
半连接	断开	连接	RC + R4 电阻值
完全连接	闭合	连接	RC 电阻值

（3）充电连接装置完全连接确认。

供电接口与充电接口连接完成，开关 S1 与供电控制装置 12V 电源端连接，则接通从供电控制装置到车身接地电路，电路为供电控制装置 12V→开关 S1→R1→二极管 D1→R3→接地。此时，检测点 1 检测到电压约为 9V，供电控制装置确认充电连接装置完全连接。然后，开关 S1 从 +12V 连接状态切换至 PWM 连接状态，供电控制装置发出 PWM 信号。PWM 端发出 12V 的占空比电压信号，当车辆控制装置检测到检测点 2 有 9V 占空比信号时，车辆控制装置确认充电连接装置完全连接。

（4）车辆准备就绪。

在车载充电机自检完成且没有故障的情况下，并且蓄电池组处于可充电状态时，车辆控制装置闭合开关 S2。

（5）供电设备准备就绪。

供电控制装置通过测量检测点 1 的电压值判断车辆是否准备就绪。当检测点 1 的电压由占空比 9V 降低为占空比 6V 时，则供电控制装置通过闭合接触器 K1 和 K2 使交流供电回路导通。

（6）充电系统的启动。

当汽车和供电设备建立电气连接后，车辆控制装置通过判断检测点 2 的 PWM 信号占空比确认供电设备的最大可供电能力，并且通过判断检测点 3 与 PE 之间的电阻值来确认电缆的额定容量。车辆控制装置对供电设备当前提供的最大供电电流值、车载充电机的额定输入电流值及电缆的额定容量进行比较,将其最小值设定为车载充电机当前最大允许输入电流。当车辆控制装置判断充电连接装置已完全连接,并完成车载充电机最大允许输入电流设置后,车载充电机开始对电动汽车进行充电。

在充电过程中,当接收到检测点 2 的 PWM 信号时,车载充电机最大允许输入电流设置取决于供电设备的可供电能力、充电线缆载流值和车载充电机额定电流的最小值。供电设备产生的占空比和充电电流限值映射关系见表 4-4。电动车辆检测的占空比与充电电流限值映射关系见表 4-5。

供电设备产生的占空比和充电电流限值映射关系 表 4-4

PWM 占空比 D	最大充电电流 I_{MAX}(A)
$D=0\%$,连续的 $-12V$	充电桩不可用
$D=5\%$	5%的占空比表示需要数字通信,且需在电能供应之前在充电桩和电动汽车间建立通信
$10\% \leqslant D \leqslant 85\%$	$I_{MAX} = D \times 100 \times 0.6$
$85\% \leqslant D \leqslant 90\%$	$I_{MAX} = (D \times 100 - 64) \times 2.5$ 且 $I_{MAX} \leqslant 63$
$90\% \leqslant D \leqslant 97\%$	预留
$D=100\%$,连续正电压	不允许

电动车辆检测的占空比与充电电流限值映射关系 表 4-5

PWM 占空比 D	最大充电电流 I_{MAX}(A)
$D<3\%$	不允许充电
$3\% \leqslant D \leqslant 7\%$	5%的占空比表示需要数字通信,且需在电能供应之前在充电桩和电动汽车间建立通信
$7\% < D < 8\%$	不允许充电
$8\% \leqslant D < 10\%$	$I_{MAX} = 6$
$10\% \leqslant D \leqslant 85\%$	$I_{MAX} = D \times 100 \times 0.6$
$85\% < D \leqslant 90\%$	$I_{MAX} = (D \times 100 - 64) \times 2.5$ 且 $I_{MAX} \leqslant 63$
$90\% < D \leqslant 97\%$	预留
$D>97\%$	不允许

(7)充电过程检测。

充电过程中,需要周期性地确认供电接口和车辆接口的连接状态以及供电能力的变化情况,前者监测周期不大于 50ms,后者检测周期不大于 5s。

(8)正常条件下充电结束。

正常条件下的充电结束分两种情况:一种是车辆达到充电结束条件,如蓄电池已充满,则车辆控制装置切断开关 S2 并使车载充电机停止充电;另一种是充电桩达到了充电结束条件,如操作人员进行了充电结束刷卡,则供电控制装置将开关 S1 从 PWM 端切换到 12V 状态,并断开开关 K1 和 K2 停止充电。

图 4-19 所示是新能源汽车交流充电时充电枪连接、充电枪连接中、充电完

交流充电路径介绍

成以及充电枪移除过程中的引导电路的充电连接过程和控制时序图。

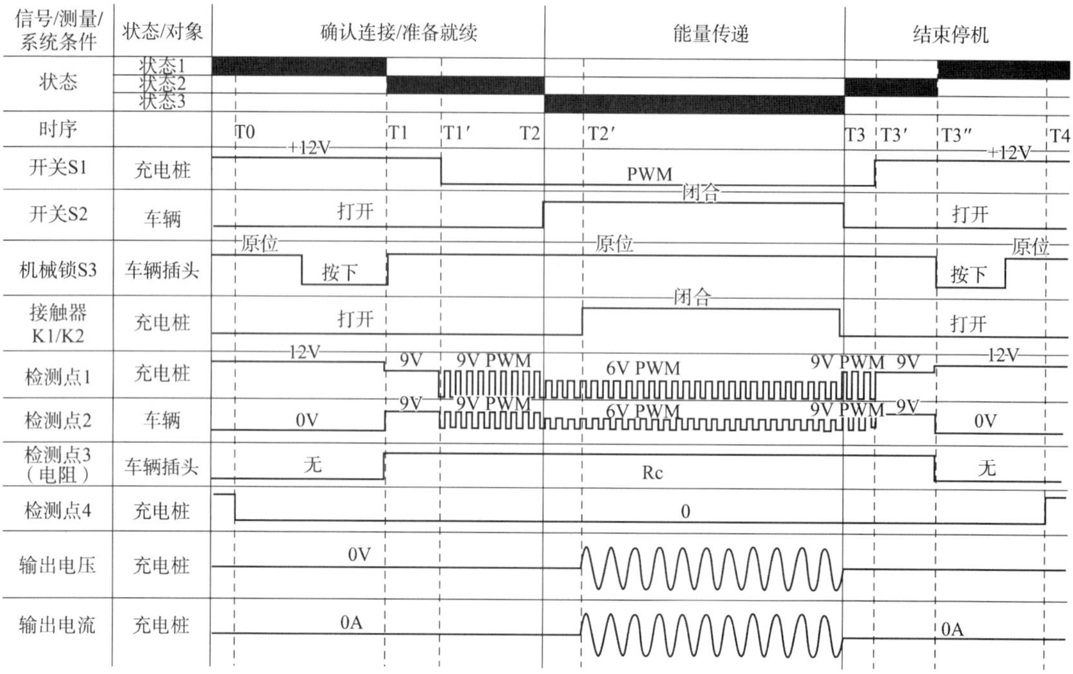

信号/测量/系统条件	状态/对象	确认连接/准备就绪	能量传递	结束停机
状态	状态1/状态2/状态3			
时序		T0 +12V T1 T1′ T2	T2′	T3 T3′ T3″ +12V T4
开关S1	充电桩		PWM 闭合	
开关S2	车辆	打开		打开
机械锁S3	车辆插头	原位 按下	原位	原位 按下
接触器K1/K2	充电桩	打开	闭合	打开
检测点1	充电桩	12V 9V 9V PWM	6V PWM	9V PWM 9V 12V
检测点2	车辆	0V 9V 9V PWM	6V PWM	9V PWM 9V 0V
检测点3(电阻)	车辆插头	无	Rc	无
检测点4	充电桩		0	
输出电压	充电桩	0V	∿∿∿	
输出电流	充电桩	0A	∿∿∿	0A

图 4-19 交流充电连接控制时序图

其中,状态 1 是充电枪未完全连接状态;状态 2 是充电枪完全连接,S2 未闭合状态;状态 3 是充电枪连接,S2 闭合状态。

(四)交流充电的控制策略

(1)准备阶段。当车辆插上交流充电插头时,车载充电机检测交流充电接口的 CC 确认信号被激活,并通过 P-CAN 唤醒动力蓄电池管理系统(BMS)和整车控制器(VCU),车载充电机通过 CP 信号确认充电设备与车辆已连接,充电设备进入准备阶段。

(2)自检阶段。当 CC、CP 信号完全正常后,车载充电机起动充电模式,BMS 对系统低压供电、动力蓄电池温度、SOC 值、故障信息、单体蓄电池信息等进行自检,同时对主正接触、主负接触、预充接触器进行粘连检测。车载充电机、BMS、P-CAN 进行数据交换,BMS 向车载充电机发送动力蓄电池最高允许充电电压、最高允许充电电流等参数信息,并向 MCU 发送电机控制器禁止起动命令。

(3)充电阶段。自检完成没有异常后,BMS 向车载充电机发送充电指令并闭合主继电器,动力蓄电池开始充电。

(五)交流充电系统常见故障及检修

1. 交流充电系统常见故障

基于比亚迪 e5 整车控制以及交流充电系统的工作原理,由于慢充系统存在故障导致的充电异常,其常见故障可以归纳为以下几点。

(1)供电设备(包括便携式供电设备)供电、自身故障。

(2)充电电缆断路、虚接、短路故障。

(3)车辆端的充电连接口到车载充电机之间的CC信号线路断路、虚接、短路故障。

(4)车辆端的充电连接口到车载充电机之间的CP信号线路断路、虚接、短路故障。

(5)BMS与车载充电机之间的充电连接信号线路断路、虚接、短路故障。

(6)充电枪锁止开关(机械卡滞)及内部线路断路、虚接、短路故障。

(7)电流传感器电源、信号线路断路、虚接、短路以及自身故障。

2.交流充电系统常见故障检修

以常见故障慢充枪及慢充口的检修举例说明其一般的检修方法。

(1)交流充电枪及充电线的检修。

①检查充电线外观有无开裂、破损、老化等问题。

②检查充电枪有无开裂、破损、老化等问题。

③使用万用表测量充电枪CC与PE之间的电阻值,若电阻值不在国标电阻范围内,则充电枪内RC电阻、线路或开关出现故障。慢充枪开关为常闭开关、按下后,万用表显示为RC的电阻值和R4的电阻值;松开后,显示为R4的电阻值。否则,充电枪有故障。

④将充电线一端与慢充桩或电源端连接完成后,使用万用表测量充电枪CP与PE之间的电压,应为12V左右,否则充电线内CP或PE线路故障。

(2)交流充电口检修。

①检查交流充电口是否有开裂、破损、老化等情况。

②用万用表测量交流充电口CC与CP之间的电压,电压应为低压蓄电池电压,否则CC端供电不正常,检查交流充电口CC端电源供电线路是否有故障。

(六)交流充电系统故障检修流程

对于交流充电系统故障进行正确的诊断,不可能来自主观臆断,而是应该建立在获取与故障有关的信息基础上,结合充电工作原理及控制逻辑,科学分析,按照合理步骤进行综合分析,找出故障原因。其操作流程如图4-20所示。

图4-20 交流充电系统故障检修流程

(1)任务准备。在开始任何故障诊断任务之前,必须做好充分的准备,包括准备必要的工具和设备,如万用表、示波器、专用检测设备和维修手册等。

(2)基本检查。在开始诊断前,首先要进行基本的外观检查,这包括检查充电设备的外观是否完好,电线连接是否牢固,充电口是否清洁等。这一步可以排除许多非故障原因,如人为损坏或环境因素导致的故障。

（3）故障现象确认。在基本检查之后，需要进一步确认故障现象，向用户询问具体的故障症状和问题是非常重要的，例如充电速度慢、无法充电、充电时发热等。同时，需要记录下故障发生的具体情况，如时间、地点、操作方式等，以便更好地理解故障的原因。

（4）读取故障码、数据流。读取故障码是诊断故障的重要步骤。故障码通常会指示出故障的类型和位置，为维修人员提供重要线索。通过读取充电系统的数据流，可以实时监测系统的运行状态。通过对比正常数据和故障数据，可以发现异常数据，从而帮助诊断故障原因。

（5）分析故障原因。在诊断故障时，查阅相关的维修资料是非常重要的。这可以帮助了解充电系统的结构、工作原理、拆装方法、电路连接等信息，进而可以全面地分析故障原因。同时，也可以了解其他维修人员在实际工作中积累的经验和方法。

（6）故障检测。在获取了足够的信息之后，可以进行实际的故障检测。这可能包括测量电压、电流、电阻等参数，检查电路连接是否正确等。根据检测结果，结合充电工作原理及控制逻辑，科学分析以确定故障原因。

（7）故障检修。在找到故障原因之后，需要进行实际的故障检修。这通常需要按照维修手册的指导进行操作，如更换部件、重新设置参数等。在确认故障之后，记录下所采取的步骤和结果，为后续的维修工作提供参考。

（8）竣工检查。在完成故障修复之后，需要进行竣工检查以确保充电系统能够正常工作。这包括测试充电速度、检查充电口是否清洁、检查电线连接是否牢固等。如果一切正常，则可以交付给用户使用。

（9）作业场地恢复。在完成维修工作之后，需要将作业场地恢复到原始状态。这包括清理工作区域、归置工具和设备、确保安全等。此外，还需要对本次维修工作进行总结和评价，以便不断提高维修水平和服务质量。

四、任务计划决策

1. 交流充电系统故障检修任务计划

根据前面理论知识的学习，获取关键信息，对工作内容进行汇总分类，制订交流充电系统故障检修的工作计划。计划包括所需要的物料清单、工作顺序、工具检查、每一步检查的部位检查点、检查规范和标准、检查结果、检查时间、成本核算、安全与环保、注意事项等，并完成交流充电系统故障检修任务的配件清单和交流充电系统故障检修操作的计划表。

2. 交流充电系统故障检修任务决策

站在企业的角度，确认工作任务计划方案实施的可行性。决策内容包括：设备清单，操作步骤的正确性、规范性和合理性，安全和环保注意事项，工作任务的时间控制和成本控制等工作计划中的具体内容，并完成交流充电系统故障检修的任务决策表。

五、任务实施

1. 交流充电系统故障检修任务实施

以比亚迪 e5 为例，按照交流充电系统故障检修流程来实施操作。

(1)任务准备。

①场地准备。操作前首先设置好隔离栏和安全警示牌,检查灭火器,同时确保操作环境通风良好。

②安全防护。安装车辆挡块,安装翼子板布、格栅布,安装好座椅套、转向盘套、换挡杆套、脚垫纸,检查电子驻车和挡位,降下驾驶员侧车窗玻璃,如图4-21所示。

③防护套装。操作人员必须持证上岗,穿好绝缘鞋和绝缘服,检查绝缘手套的气密性、耐压等级、生产日期等,检查护目镜、安全帽有无破损等,如图4-22所示。

图4-21 比亚迪e5现场布置图

图4-22 现场防护套装

警告:监护人员及维修人员必须持有有效的《特种作业操作证(电工)》与《初级(含)以上电工证》(职业资格证书),严禁无证进行维修操作。

(2)基本检查。

确定低压蓄电池电压大于11.5V,确保低压蓄电池正负极插头连接牢靠,检查高压部件及插接器连接情况,检查低压部件及插接器连接情况,如图4-23所示。

检查充电枪机械开关能够灵活按动,能够及时复位且无卡滞;充电枪接口无异物;充电电缆无破损、断裂等;检查车端充电插座端子无异物,如图4-24所示。

图4-23 比亚迪e5高低压线束检查

图4-24 比亚迪e5交流充电枪检查

(3)故障现象确认。

关闭点火开关,连接充电枪至车辆充电插座,仔细听动力蓄电池主正接触器、主负接触器是否发出"咔哒"声音,同时观察仪表上红色充电连接指示灯是否正常点亮,且仪表中是否正常显示充电功率、充电电流及预计充电时间,如图 4-25 所示。

(4)读取故障码、数据流。

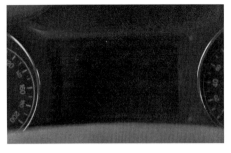

图 4-25 比亚迪 e5 交流充电故障现象确认

连接诊断仪,读取故障码,将 OBD 测量线连接到 VCI 设备,连接车辆 OBD 诊断插座,VCI 设备电源指示灯点亮。打开点火开关,选择相应车型并读取故障码和数据流,如图 4-26 所示。

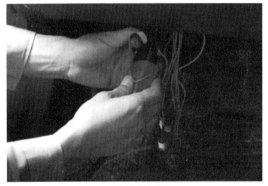

a) 连接诊断仪

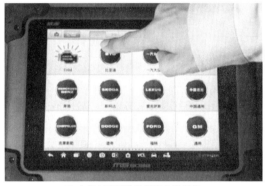

b) 查找车型读取故障码和数据流

图 4-26 比亚迪 e5 故障码和数据流读取

交流充电
操作及数据
读取

具体方法与步骤:选择品牌比亚迪—车型 e5—e5 通用版—动力网—车载充电器—故障码和数据流。

(5)分析故障原因。

查阅 2019 款比亚迪 e5 电路电器原理图中关于交流充电的相关部件图。可以发现交流充电系统中涉及的电器元件有充电口、车载充电机(OBC)及蓄电池管理系统(BMS),需要整理其电路间的关联性及逻辑性。

(6)故障检测。

汽车故障检测应遵循先易后难、先外后内的原则。当汽车出现故障时,应首先检查汽车系统外可能的故障部件,这样可以避免对系统电路进行复杂耗时的检查。如果没有发现外部问题,再考虑检查内部部件及电路。

具体方法和步骤如下。

①检查充电枪及车端插座完好性。

②测量交流充电枪端子 CC 与 PE 之间电阻。

③测量车辆交流充电插座端子 CC 对地电压。

④不插枪时,测量车载充电机低压线束插接器 B74 端子 4 对地电压。

⑤插枪时,测量车载充电机低压线束插接器 B74 端子 4 对地电压。

(7)故障检修。

汽车检测与维修故障确认时,遵循最小范围原则,即尽可能准确地确定故障所在的部位和范围,需要确认到最小故障范围并在电路图上指出故障点或者故障范围,并判断故障类型,以减少不必要的检查和维修工作,提高维修效率和准确性。

经过故障检测发现,在车辆交流充电插座至车载充电机之间线路发生断路故障,如图4-27所示,遵循故障范围最小化原则,需要测量:

①测量车辆交流充电插座端子CC至车载充电机低压线束插接器B74端子4之间导通性;

②测量车辆交流充电插座端子CC至低压线束插接器B53(B)端子2之间导通性。

图4-27 比亚迪e5交流充电低压线束导通性测量

(8)竣工检查。

连接充电枪至车辆充电插座,听到动力蓄电池主正接触器、主负接触器是否发出"咔哒"声音,同时观察仪表上红色充电连接指示灯正常点亮,同时仪表中正常显示充电功率、充电电流及预计充电时间,则说明交流充电故障已经排除,车辆可以正常进行交流充电,如图4-28所示。

(9)作业场地恢复。

故障排除后,进行作业场地恢复。首先升起驾驶人侧车窗玻璃,关闭点火开关,然后拆卸车外防护翼子板布、格栅布,拆卸座椅套、转向盘套、换挡杆套、脚垫纸,最后将高压警示牌等收回至原位置,对作业场地进行清洁、整理,如图4-29所示。

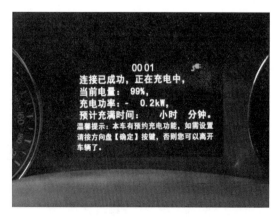 

图4-28 比亚迪e5正常交流充电仪表显示　　图4-29 比亚迪e5作业场地恢复

2. 交流充电系统故障检修任务工单

(1) 完成交流充电系统故障检修任务实施方案工单。

在实施交流充电系统故障检修任务实操之前,完成实施方案工单,见表4-6。

交流充电系统故障检修任务实施方案工单　　　　表4-6

班级		姓名	
学号		指导教师	
项目名称	交流充电系统故障检修	工作任务	交流充电系统故障检修任务实施方案

1. 交流充电系统故障检修任务配件清单

序号	名称	品牌	型号	数量	备注
1					
2					
3					
4					
……					

2. 交流充电系统故障检修操作计划表

序号	操作步骤及内容	工具设备	技术标准规范	注意事项
1				
2				
3				
4				
……				

3. 交流充电系统故障检修任务决策表

决策类型	决策方案
与师傅一起决策	
改进建议或决策结果	

(2) 完成交流充电系统故障检修任务工单。

在实施交流充电系统故障检修任务过程中,完成任务实操工单,见表4-7。

交流充电系统故障检修任务工单

表 4-7

班级		姓名	
学号		指导教师	
项目名称	交流充电系统故障检修	工作任务	充电连接确认信号 CC 断路

1. 任务准备

作业内容	操作要点	结果记录
场地准备	设置隔离栏	□正常 □异常：_____
	设置安全警示牌	□正常 □异常：_____
	检查灭火器	□正常 □异常：_____
检查防护套装	绝缘手套的检查：气密性、耐压等级、生产日期等	□正常 □异常：_____
	护目镜的检查	□正常 □异常：_____
	安全帽的检查	□正常 □异常：_____
	穿着绝缘服、绝缘鞋	□正常 □异常：_____
检查工具套装	绝缘测试仪检测："TEST" 功能检测、开路绝缘电阻、短路绝缘电阻	□正常 □异常：_____
	万用表检测和校零	□正常 □异常：_____
	绝缘工具是否齐全	□正常 □异常：_____
	诊断仪的检查	□正常 □异常：_____
	维修手册、电路图检查	□正常 □异常：_____
安全防护	安装车辆挡块	□正常 □异常：_____
	安装翼子板布、格栅布	□正常 □异常：_____
	安装座椅套、转向盘套、换挡杆套、脚垫纸	□正常 □异常：_____
	检查电子驻车	□正常 □异常：_____
	检查是否在 P 挡	□正常 □异常：_____
	降下驾驶人侧车窗玻璃	□正常 □异常：_____

2. 基本检查

作业内容	操作要点	结果记录
车辆信息	车辆 VIN 码	
	品牌	
	生产日期	
	动力蓄电池工作电压	
	行驶里程	
安全检查与仪器连接	测量低压蓄电池电压	实测值：_____ V，标准值：11~14V 判断结果：□正常 □异常
	检查高压部件及插接器连接情况	□正常 □异常：_____
	检查低压部件及插接器连接情况	□正常 □异常：_____
充电连接装置外观检查	检查充电枪机械开关	□正常 □异常：_____
	检查充电枪端子	□正常 □异常：_____
	检查充电线缆	□正常 □异常：_____
	检查充电插座	□正常 □异常：_____

107

续上表

3.故障现象确认

作业内容	操作要点	结果记录
关闭一键起动开关	关掉 power 键,将钥匙放在规定位置	□完成 □未完成:_____
便携式充电线缆接入电源	将充电线缆接入 220V 交流电源	□完成 □未完成:_____
插入慢充充电枪	将充电枪插入车端交流充电插座	□完成 □未完成:_____
观察仪表信息	检查充电连接指示灯	□正常 □异常:_____
	检查充电功率显示	□正常 □异常:_____
	检查充电电流	□正常 □异常:_____
	检查充电时间显示	□正常 □异常:_____

4.读取故障码、数据流

作业内容	操作要点	结果记录
连接诊断仪	将 OBD Ⅱ 接口与蓝牙接收器相连	□完成 □未完成:_____
	将 OBD Ⅱ 接口与车辆诊断座连接	□完成 □未完成:_____
打开一键起动开关	拿起钥匙,按下 power 键	□完成 □未完成:_____
选择相应车型并读取故障码	选择比亚迪 e5 通用型,打开车载充电机模块	□无 DTC □有 DTC:_____
读取交流相关数据流		

5.分析故障原因

作业内容	操作要点	结果记录
查找 2019 款比亚迪 e5 交流充电系统电路简图	电路图中找到充电口、充配电总成及蓄电池管理系统 BMS 电路原理图,体现前后关系,插头及针脚号,画出充电系统电路简图	

6.故障检测

作业内容	操作要点	结果记录
交流充电枪端子 CC 与 PE 之间电阻	松开锁止开关	实测值:_____Ω,标准值:1.5kΩ 判断结果:□正常 □异常
	按下锁止开关	实测值:_____Ω,标准值:3.3kΩ 判断结果:□正常 □异常
测量车辆交流充电插座端子 CC 对地电压	点火开关置于 OFF 挡	实测值:_____V,标准值:12V 左右 判断结果:□正常 □异常
测量车载充电机低压线束插接器 B74 端子 4 对地电压	不插枪	实测值:_____V,标准值:11V 左右 判断结果:□正常 □异常

续上表

作业内容	操作要点	结果记录
测量车载充电机低压线束插接器 B74 端子 4 对地电压	插枪	实测值：_____V，标准值：2.7V 左右 判断结果：□正常 □异常
测量车辆交流充电插座端子 CC 至车载充电机低压线束插接器 B74 端子 4 之间导通性	断开低压蓄电池负极	实测值：_____Ω，标准值：<1Ω 判断结果：□正常 □异常
测量车辆交流充电插座端子 CC 至低压线束插接器 B53（B）端子 2 之间导通性	断开低压蓄电池负极	实测值：_____Ω，标准值：<1Ω 判断结果：□正常 □异常

7. 故障检修

作业内容	操作要点	结果记录
根据测量找出故障点	记录最小故障范围	
判断故障类型	根据实际诊断结果确定（断路故障、短路故障、接触不良、元件损坏或老化）	
故障排除	根据实际诊断结果确定（检修、清洁或更换）	

8. 竣工检查

作业内容	操作要点	结果记录
连接蓄电池负极	调整预紧，防止脱落	□完成 □未完成：_____
便携式充电线缆接入电源	将充电线缆接入220V交流电源	□完成 □未完成：_____
插入慢充充电枪	将充电枪插入车端交流充电插座，检查交流慢充是否正常	□正常 □异常：_____
车辆上电	踩下制动开关，同时按下 power 键	□正常 □异常：_____

9. 作业场地恢复

作业内容	操作要点	结果记录
场地恢复	升起驾驶人侧车窗玻璃	□完成 □未完成：_____
	关闭点火开关	□完成 □未完成：_____
	拆卸翼子板布、格栅布	□完成 □未完成：_____
	拆卸座椅套、转向盘套、换挡杆套、脚垫纸	□完成 □未完成：_____
	将高压警示牌等收回原位置	□完成 □未完成：_____
	清洁、整理场地	□完成 □未完成：_____

六、任务检查交付

1. 交流充电系统故障检修任务检查

依据任务计划单、实施流程、企业维修手册等,对交流充电系统故障检修任务的完成情况进行检查,并记录存在的问题及改进意见,完成任务检查单,见表4-8。

交流充电系统故障检修任务检查单　　表4-8

检查项目	检查内容	问题记录	处理意见
任务实施过程			
质量标准			
任务结果			

2. 交流充电系统故障检修任务交付

技师完成任务实施后,需要将车辆移交给质检员做最后的检查。在交付车辆前,需要向质检员交接以下项目,并完成车辆交付单,见表4-9。

车辆交付单　　表4-9

交付项目	检查结果	交车确认
维修项目全部完成	□是　□否	签字:
车辆清洁	□外观　□烟灰缸　□内饰　□前舱	
增值服务完工确认	□车辆健诊服务 □售后服务六件套 □维护里程及时间提醒设置更新	

(1)核实检查《任务委托书》,以确保顾客委托的所有维修项目的书面记录都已完成,并有质检员签字。

(2)实车核对《任务委托书》,以确保顾客委托的所有维修项目在车辆上都已完成。

(3)确认故障已消除,必要时试车。

(4)确认从车辆上更换下来的旧件。

(5)确认车辆内外清洁度(包括无灰尘、油污、油脂)。

(6)其他检查:除车辆外观外,不遗留抹布、工具、螺母、螺栓等。

七、总结评价

1. 交流充电系统故障检修任务总结

(1)交流充电系统结构组成及各部件。

新能源汽车交流充电系统外部设备由充电设备即交流充电桩和充电枪组成。

车上设备由车载充电器、DC/DC变换器、高压控制盒、动力蓄电池、慢充口、慢充线束等部件组成。

(2)充电模式。

充电模式是连接电动汽车到电网(电源)给电动汽车供电的方法。具体包括：

①充电模式1；

②充电模式2；

③充电模式3。

(3)连接方式。

连接方式是使用电缆和连接器将电动汽车接入电网(电源)的方法。具体包括：

①连接方式A；

②连接方式B；

③连接方式C。

(4)交流充电过程的工作控制程序。

交流充电过程就是连接确认(CC信号)与控制引导(CP信号)的过程,其程序包括：

①供电接口连接确认；

②车辆接口连接确认；

③充电连接装置完全连接确认；

④车辆准备就绪；

⑤供电设备准备就绪；

⑥充电系统的启动；

⑦充电过程检测；

⑧正常条件下充电结束。

(5)交流充电过程的控制策略。

当车辆插上交流充电插头时,车载充电机检测交流充电接口的CC确认信号被激活,并通过P-CAN唤醒动力蓄电池管理系统(BMS)和整车控制器(VCU),车载充电机通过CP信号确认充电设备与车辆已连接,充电设备进入准备阶段。

当CC、CP信号完全正常后,车载充电机启动充电模式,BMS对系统低压供电、动力蓄电池温度、SOC值、故障信息、单体蓄电池信息等进行自检,同时对主正接触器、主负接触器、预充接触器进行粘连检测。车载充电机、BMS、P-CAN进行数据交换,BMS向车载充电机发送动力蓄电池最高允许充电电压、最高允许充电电流等参数信息,并向MCU发送电机控制器禁止启动命令。

自检完成没有异常后,BMS向车载充电机发送充电指令并闭合主接触器,动力蓄电池开始充电。

(6)能力点总结。

①交流充电操作。

②查看仪表信息。

③正确使用、查看诊断仪。

④分析无法交流充电的原因。

⑤识别交流慢充各部件及端子。

⑥画出交流慢充电路简图。
⑦完成无法交流充电故障诊断与排除。
⑧工位恢复。
⑨车辆交付。

2. 交流充电系统故障检修任务综合职业能力评价

针对学生实施交流充电系统故障检修任务的过程进行评价，可以采用学生自评、小组评价、教师评价等多种形式，目的是考查学生的专业能力和非专业能力，见表4-10。

交流充电系统故障检修任务实施评价表　　　表4-10

一级指标	二级指标	配分	得分
1. 专业能力	做好车辆和个人的安全防护	5分	
	正确选择工具设备	5分	
	正确规范使用工具设备	5分	
	正确查阅维修手册	5分	
	遵守技术规范和标准	5分	
	正确完成交流充电过程	5分	
	正确查看仪表信息	5分	
	正确分析无法交流充电的原因	5分	
	正确识别交流慢充各部件及端子	5分	
	正确画出交流慢充电路简图	5分	
	正确完成无法交流充电故障诊断与排除	5分	
	正确完成工位恢复	5分	
2. 非专业能力	严格遵守环保要求	5分	
	严格把控时间、注重工作效率	5分	
	主动解决问题	5分	
	团结协作	5分	
	安全意识	5分	
	信息查找	5分	
	逻辑思维	5分	
	精益求精的工匠精神	5分	
总计		100分	

八、巩固拓展

新任务迁移：比亚迪 e5 充电确认信号 CP 故障诊断。

通过查阅资料，参与前面学习的交流充电系统故障检修流程及方法和比亚迪 e5 充电连接信号 CC 故障诊断的实施操作，制订出比亚迪 e5 充电确认信号 CP 故障诊断的工作计划及操作流程。

> 练习题

一、填空题

1. 交流慢充 CC 的作用为_____、CP 的作用为_____。
2. 在交流慢充过程中,供电控制装置通过_____的电压值判断车辆是否准备就绪。当监测点 1 的电压由_____变为_____时,则供电控制装置闭合接触器 K1 和 K2 使交流供电回路导通。

二、选择题

1. 新能源汽车交流充电系统中,在充电枪(　　)端子间安装 RC 电阻。
   A. CC-PE　　　　B. CP-PE　　　　C. CC-N　　　　D. L-N
2. 在充电模式 3 连接方式 B 的交流充电系统中,检测点 4 连接的是供电插座的(　　)端口。
   A. CC　　　　B. CP　　　　C. PE　　　　D. N
3. (　　)是固定安装在新能源汽车上将交流充电桩的交流电转换为动力电池所需的直流电,能够动态调节充电电流大小,实现对动力电池的充电。
   A. 车载充电机　　B. 充配电总成　　C. DC-DC　　　　D. 充电桩
4. 未插枪时,交流慢充充电枪 CP 与 PE 之间的电压值为(　　)。
   A. 12V　　　　B. 9V　　　　C. 6V　　　　D. 12V PWM
5. 车辆控制装置对供电设备当前提供的最大供电电流值、车载充电机的额定输入电流值及电缆的额定容量进行比较,将其(　　)设定为车载充电机当前最大允许输入电流。
   A. 最大值　　　B. 最小值　　　C. 系统设定　　D. 随机
6. 对于控制导引电路的基本功能,技师甲说:控制导引电路具有连接确认功能和充电过程监测功能;技师乙说:控制导引电路还具有充电连接装置载流能力设备供电功率识别功能及控制停止充电功能。下列选项正确的是(　　)。
   A. 技师甲正确　　　　　　　　　　B. 技师乙正确
   C. 技师甲、技师乙均正确　　　　　D. 技师甲、技师乙均不正确

三、简答题

1. 交流慢充车辆接口连接确认整个过程中,检测点 3 与 PE 之间的电阻值是多少?
2. 简述交流慢充控制过程。

学习任务5

直流充电系统故障检修

▶ 知识目标

1. 掌握新能源汽车直流快充系统的结构组成；
2. 掌握新能源汽车直流快充系统的控制流程；
3. 掌握新能源汽车直流快充系统的控制策略；
4. 掌握新能源汽车直流快充系统无法充电故障分析方法。

▶ 技能目标

1. 能够在新能源整车上识别直流快充系统的结构组件并正确进行充电操作；
2. 能够熟练使用电路图及维修手册，具备采集直流充电系统数据能力；
3. 能够进行新能源汽车直流快充系统无法充电故障诊断及排除。

▶ 素养目标

1. 通过实际操作直流快充系统无法充电故障诊断及排除，培养精益求精的工作态度；
2. 通过在工作过程中与其他成员合作交流，培养团队合作、协调工作能力。

课程思政点睛

本任务主要帮助学生认识精益求精的精神在工作中的重要性。同学们在完成学习任务的过程中，通过角色扮演、小组讨论、实践操作等活动，培养精益求精的精神。在中国有很多关于精益求精的案例，比如比亚迪汽车，作为当代电动汽车领域的领导者，比亚迪汽车对于产品质量有着严格的要求，从原材料选择、生产工艺到最终检验都进行了全面的质量控制。他们注重细节和品质，追求精益求精，对每一个零部件都进行严格的品质控制，以确保车辆的性能和安全性，在精益求精方面的追求和实践，使得比亚迪汽车在市场上具有较高的品质和口碑。

一、任务接受

1. 学习情景描述

一辆行驶里程约为30000km的2019款比亚迪e5轿车，车主反映车辆交流慢充充电正常，但使用直流快充充电时，仪表上没有显示充电连接，无法进行直流充电。经过车间主管检查后发现，直流充电异常，需要对该车直流充电系统进行检测维修。作为一名维修人员，请严格按照相关的作业标准,对该车辆的直流充电系统进行数据采集、分析并查找异常数据,进行故障排除。

2. 直流充电系统故障检修任务工单

直流充电系统故障检修任务工单见表5-1。

直流充电系统故障检修任务工单　　　　　　　　　　　表 5-1

服务站名称		工单类型		服务顾问	
车主姓名		车主手机号		送修人	
送修时间		预计交车时间		行驶里程(km)	
送修问题	一辆行驶里程约为30000km的2019款比亚迪e5轿车车主反映,车辆交流慢充充电正常,无法进行直流快充充电				
检查结果	检测维修直流充电系统				

二、任务分析

本任务实施前,请完成下列活动。

(1)同学们通过分析任务,思考并写出完成客户委托任务需要的关键信息。

(2)通过小组合作,讨论本组完成客户委托任务的关键点和难点以及需要进行哪些操作。

(3)各个小组分别进行展示分享,相互提出改进意见。

三、理论学习

(一) 直流充电系统概述

1. 直流充电系统定义

新能源汽车交流充电需要时间较长,可能会因此而影响用户使用体验。为了满足人们对新能源汽车充电速度的需求,直流快充系统已经成为新能源汽车的必备配置。

直流充电速度快,可以在较短时间内为电动汽车提供大功率充电,一般可以在30min内充满80%的蓄电池容量,大大提高了用户的充电效率和便利性。

直流充电是指通过直流电对带充电系统的新能源汽车的动力蓄电池组充电。进行直流充电时,直流电被输送到动力蓄电池组,由充电站来调整动力蓄电池组的充电电压。

2. 直流充电系统的工作要求

直流充电系统在运行过程中需要满足一系列的要求,以确保其安全、有效地为电动汽车提供电能。这些工作要求包括:

(1)充电连接确认信号 CC1 和 CC2 正常;

(2)BMS 供电电源 12V 正常;

(3)充电唤醒信号 12V 正常;

(4)充电桩、BMS之间通信正常;

(5)动力蓄电池电芯温度为5~45℃;

(6)单体电池最高电压与最低电压差小于300mV;

(7)单体电池温度最高温度与最低温度差小于15℃;

(8)绝缘性能大于500Ω/V;

(9)实际单体蓄电池最高电压不大于额定电压0.4V。

(二)直流充电系统结构组成

新能源汽车直流充电系统外部设备由充电设备即直流充电桩和充电枪组成,如图5-1所示。车上设备由高压控制盒、动力蓄电池、快充口、快充线束等部件组成。快充系统示意如图5-2所示。

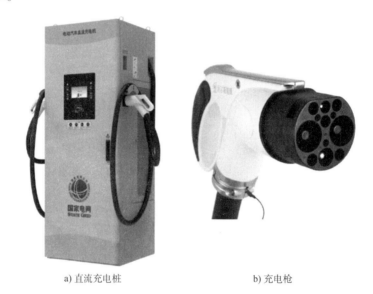

a) 直流充电桩　　b) 充电枪

图5-1　直流充电桩和充电枪

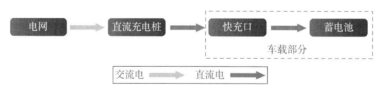

图5-2　快充系统示意图

快充系统中,380V工业用电经快充桩的转换装置转换为高压直流电,通过车辆快充口直接进入蓄电池包,实现高电压的输出和快速充电。同时,快充桩的控制单元与车辆的BMS之间进行通信,保证充电过程中的安全、可靠。

1. 直流充电桩

直流充电桩俗称"快充桩",充电桩功能类似于加油站里面的加油机,快充桩的输入端与交流电网380V三相电直接连接,内部直接将高压交流电转化为高压直流电,输出端装有充电插头,用于连接车辆快充口。

快充桩一般用于高速公路服务区、公交场站、小区停车场等场所。直流充电桩输入为额定电压380V±10%、50±1Hz的三相直流电。三相四线制可提供足够大的功率(60kW、120kW、200kW甚至更高),输出电压平台有200～500V、500～750V或200～750V等。

《电动汽车传导充电用连接装置 第3部分:直流充电接口》(GB/T 20234.3—2015)中规定,直流充电中,额定电压不超过1000V(DC)、额定电流不超过250A(DC)。直流充电输出的电压和电流调整范围大,可实现快速充电。

2. 直流充电枪

快充系统由于充电电流大,所以,充电枪与快充口连接阻值必须要小,而且要求连接可靠,防止出现拔枪断电拉弧等现象,因此,快充枪一端通过高压电缆与快充桩直接连接,与快充口连接的枪内设置电子锁,充电枪组成如图5-3所示。

直流充电枪(车辆插头)端子采用凹孔凸针的设计,端子长短不一,保护地线 PE 端子最长。在充电连接过程中,触头耦合的顺序为:保护接地,充电连接确认(CC2),直流电源正与直流电源负,低压辅助电源正与低压辅助电源负,充电通信,充电连接确认(CC1);在脱开的过程中,则顺序相反。车辆接口的电气连接界面如图5-4所示。

图5-3 直流充电枪组成

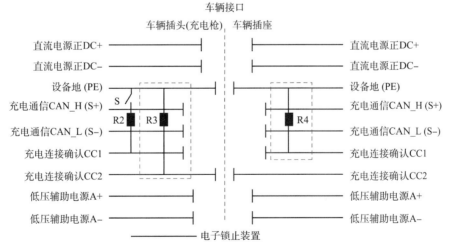

图5-4 车辆直流充电接口的电气连接界面

直流充电枪执行《电动汽车传导充电用连接装置 第3部分:直流充电接口》(GB/T 20234.3—2015)。其各端子布置及含义如图5-5所示。快充充电接口仅用于提供直流电,快充接口由3个电源pin(DC+、DC-、PE),6个信号pin(S+、S-、A+、A-、CC1、CC2)组成。

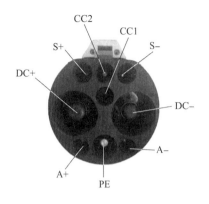

图 5-5 直流充电枪端子布置及含义

直流充电枪主要组成结构包括：连接端子、机械锁、开关 S、电阻 R2 及电阻 R3，如图 5-6 所示。其中，直流充电枪上 CC2 与 PE 之间电阻 R3 值为 1000 欧姆，直流充电枪上 CC1 与 PE 之间电阻 R2 值为 1000Ω。

直流充电口
介绍

a) 直流充电枪机械锁

b) 直流充电枪开关及端子

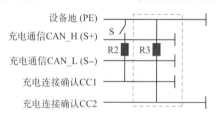

c) 直流充电枪内部结构示意图

图 5-6 直流充电枪组成结构

3. 快充口

新能源汽车直流充电口固定安装在车辆上，与充电枪（车辆插头）一一对应，共同构成车辆接口。图 5-7 所示为比亚迪 e5 直流充电插座固定位置，位于车辆前端。

4. 直流充电接触器

接触器是一种用小电流控制大电流的装置，属于继电器的一种，一般由 BMS 进行控制。比亚迪 e5 直流充电接触器位于高压配电"三合一"总成内，如图 5-8 所示。

接触器的实际应用电路由低压控制电路和高压工作电路两部分组成，如图 5-9 所示。

低压小电流控制电路是由电磁铁、衔铁、低压电源 E1 回路和控制开关组成，高压大电流工作电路是由负载、高压电源 E2 和相当于开关的静触点、动触点组成。

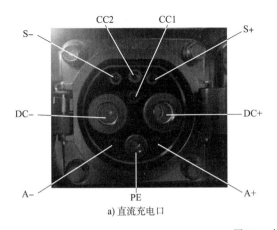

a) 直流充电口   b) 比亚迪e5直流充电口位置

图 5-7 车辆快充口

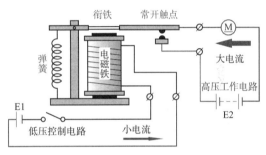

图 5-8 比亚迪 e5 直流充电接触器   图 5-9 接触器结构及工作原理

在常态时,静触点与动触点间未连通,高压工作电路断开。当闭合低压控制回路的控制开关时,线圈两端施加上一定的电压,线圈中就会流过一定的电流,从而产生电磁效应,衔铁就会在电磁力吸引的作用下克服弹簧的反作用力吸向铁芯,从而带动衔铁的动触点与静触点(常开触点)吸合,此时,高压大电流的工作回路闭合工作。

若断开低压回路中的控制开关,电磁铁就会失去电磁力,在弹簧的恢复力作用下继电器的常开动、静触点断开,高压大电流工作回路因触点失电断开而停止工作,这样通过常开动、静触点的吸合、释放,从而达到了在电路中的导通、切断电路的控制目的。

(三) 直流充电与交流充电的区别

(1) 充电枪结构和外观:交流慢充的充电枪有 7 个孔,充电线较细。而直流快充的充电枪有 9 个孔,充电线较粗。此外,因为需要承受更大的电流和电压,直流充电桩的体积和重量也更大。

(2) 充电方式。交流慢充采用交流电进行充电,通过车载充电机将交流电转化为直流电给动力蓄电池充电。而直流快充采用直流电进行充电,直接通过充电桩的直流电源给动力蓄电池充电。

(3)充电速度。交流慢充的充电速度较慢,一般需要6~8h才能充满电。而直流快充的充电速度较快,一般在30min内能够充到80%的电量。

(4)充电成本。直流快充需要采用先进的充电设备和技术,结构复杂,控制单元复杂,因此,充电成本相对较高,用户需要承担更高的电费和充电费用。

(5)蓄电池寿命影响。交流慢充采用小电流、低电压的充电方式,对动力蓄电池产生的负担较小,长期使用对蓄电池寿命影响较小。直流快充采用大电流、高电压的充电方式,会对动力蓄电池产生较大的负担,长期使用会影响蓄电池寿命。

(6)安全使用方面。交流慢充的安全性较高,因为充电电流和功率都比较小,不会对电网和蓄电池造成太大的负担。而直流快充的安全性相对较低,因为采用大电流和大功率充电,可能会对电网和蓄电池造成一定的负担,需要注意安全问题。

(四)直流充电系统充电时序

以直流充电系统充电模式4连接方式C。来讲解直流充电系统充电时序,如图5-10所示。

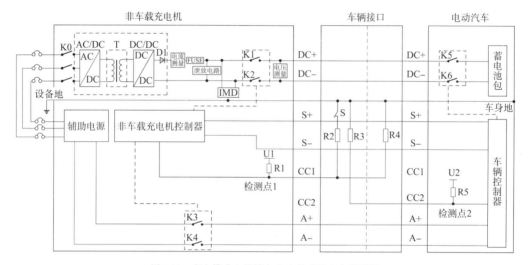

图5-10 充电模式4连接方式C的直流充电原理图

如图5-10所示,直流充电系统包括非车载充电机控制器、电阻R1、R2、R3、R4、R5、开关S、直流供电回路接触器K1和K2、低压辅助供电回路接触器K3和K4、充电回路接触器K5和K6以及车辆控制器。电阻R2和R3安装在直流充电枪(车辆插头)上,电阻R4安装在车辆插座上,其中R1、R2、R3、R4、R5等效阻值约为1000欧左右。

开关S为车辆插头的内部常闭开关,当车辆插头与车辆插座完全连接后,开关S闭合。在整个充电过程中,非车载充电机控制装置应能监测接触器K1、K2,接触器K3、K4。电动汽车车辆控制装置应能监测接触器K5和K6状态并控制其接通及关断。

充电流程分为车辆接口连接确认、非车载充电机控制器自检、充电准备就绪、充电阶段和充电结束5个阶段。

1. 车辆接口连接确认

当快充枪未接入处于自然状态时,快充枪上的开关S处于闭合状态,此时CC1、R2、开关S与PE构成回路,检测点1的电压为6V,如图5-11所示。

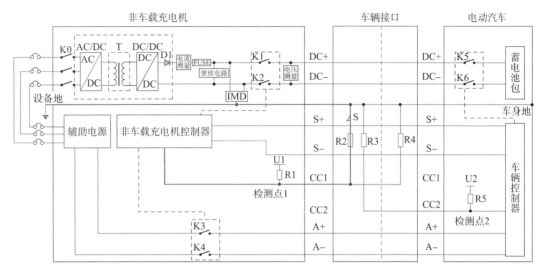

图 5-11 快充枪未插入，S 开关闭合状态

当快充枪上的开关 S 被压开时，检测点 1 电压为 12V，如图 5-12 所示。

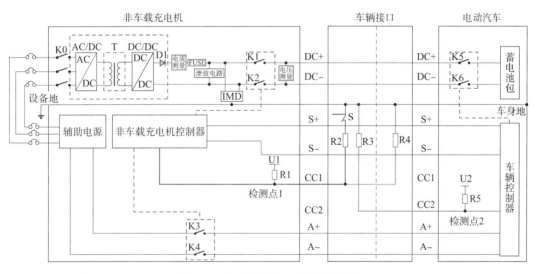

图 5-12 快充枪未插入，S 开关断开状态

当插入快充枪而开关 S 仍断开时，此时 CC1 经过车辆侧的电阻 R4 经 PE 构成回路，非车载充电机控制器检测点 1 的电压为 6V。车辆检测点 2 的 CC2 串电阻 R3 经 PE 构成回路，车辆控制器检测点 2 的电压为 6V，如图 5-13 所示。

开关 S 回弹闭合后，检测点 1 的电压为 4V，则判断车辆接口完全连接。此时，车辆控制器检测点 2 的电压为 6V，判断已经连接。此时双方均已确认接口完全连接，电子锁锁定，车辆应处于不可行驶状态，如图 5-14 所示。

2. 非车载充电机控制器自检

在车辆接口完全连接后，闭合 K3 和 K4，快充桩内的低压辅助电源开始通过 K3、K4 给车辆控制器进行供电，如图 5-15 所示。

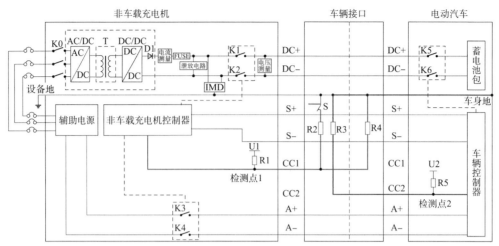

图 5-13 快充枪插入，S 开关断开状态

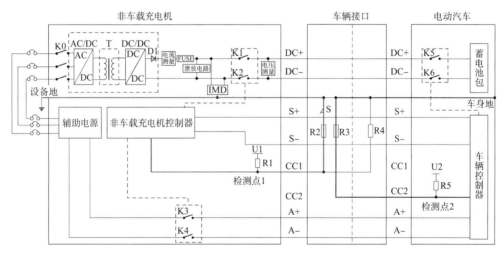

图 5-14 快充枪插入，S 开关闭合状态

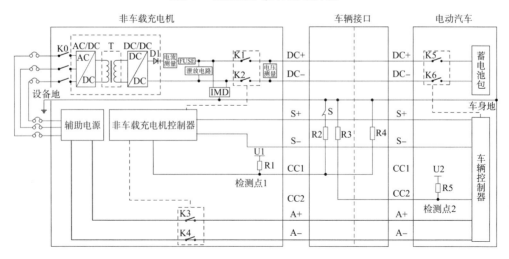

图 5-15 K3 和 K4 闭合

非车载充电机控制器控制开关 K1、K2 闭合,非车载充电机控制器通过绝缘表(IMD)对充电机内部(含充电电缆)的绝缘检查。充电直流回路 DC+ 与 PE 之间的绝缘电阻、DC- 与 PE 之间的绝缘电阻,两者取小值 R,自检通过后断开 K1、K2,然后通过泄放电路将 DC+、DC- 上的残余电释放掉。泄放回路的参数选择应保证在充电连接器断开后 1s 内将供电接口电压降到 60VDC 以下。

3. 充电准备就绪

车辆控制装置与非车载充电机控制装置在配置阶段时,车辆控制装置闭合 K5 和 K6,使充电回路导通;非车载充电机控制装置检测到车辆端蓄电池电压正常后,闭合 K1 和 K2,使直流供电回路导通,开始对动力蓄电池进行充电。

4. 充电阶段

在充电阶段,车辆控制装置向非车载充电机控制装置实时发送蓄电池充电需求参数。非车载充电机控制装置根据蓄电池充电需求参数实时调整充电电压和充电电流。此外,车辆控制装置和非车载充电机控制装置还相互发送各自的状态信息(充电桩输出电压电流、动力蓄电池电压、电流、SOC 值等)。

5. 充电结束

正常条件下充电结束分两种情况。一种是车辆达到充电结束条件,如蓄电池已充满。另一种是充电桩达到了充电结束条件,如操作人员进行了充电结束刷卡。

车辆控制装置开始周期发送蓄电池管理系统终止充电报文,并断开开关 K5 和 K6。非车载充电机控制器则周期发送充电机终止充电报文,并控制充电机停止充电,在确认充电电流小于 5A 后断开开关 K1 和 K2,将充电机的输出电压投入泄放电路,避免对操作人员造成电击伤害,最后,断开开关 K3 和 K4,解锁电子锁,拔出充电枪,完成充电。

直流充电路径介绍

图 5-16 和图 5-17 所示是直流充电连接过程和控制时序图。车辆插头与车辆插座插合过程,充电机检测点 1 电压从 6V→12V→6V→4V,车辆检测点 2 电压从 12V→6V。

(五)直流充电过程的控制策略

在直流充电过程中,直流充电桩中的非车载充电机通过 CC1、CC2 信号确认充电枪与车身连接,充电桩经过充电口提供的低压辅助电源供电给直流充电继电器,继电器工作后将车辆低压蓄电池 12V 电源引入到 BMS 模块中,给 BMS 供电,使得 BMS 能够正常工作。此时,BMS 与充电桩进行系统检测,在确认正常的情况下进行通信握手、参数的读取后,进入充电状态。

在充电过程中,车辆通过 CAN 系统向充电桩发送动力蓄电池充电需求参数,充电桩进行数据分析后实时调整充电电压和电流,并相互发送各自的状态信息(包括充电桩的输出电压、电流,车辆动力蓄电池电压电流、SOC 值等)。同时对主正接触器、主负接触器、预充接触器进行粘连检测。

自检完成没有异常后,BMS 向非车载充电机发送充电指令并闭合主继电器,直流充电桩对动力蓄电池开始充电。

(六)直流充电系统常见故障及检修

1. 直流充电系统常见故障

基于比亚迪 e5 整车控制以及直流充电系统的工作原理,由于快充系统存在故障导致的快充异常,其常见故障可以归纳为以下几点。

(1)供电设备(包括便携式供电设备)供电、自身故障。

(2)充电电缆断路、虚接、短路故障。

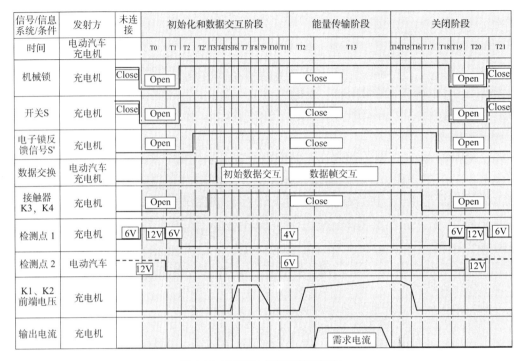

图5-16 直流充电连接控制时序图1

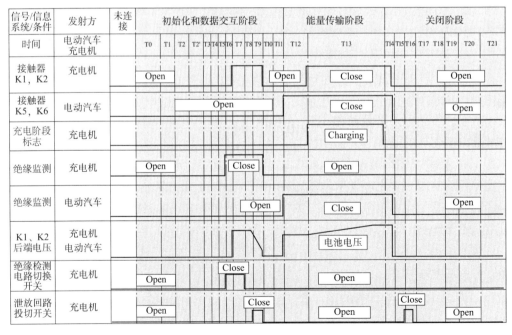

图5-17 直流充电连接控制时序图2

(3)车辆端的充电连接口到 BMS 之间的 CC2 信号线路断路、虚接、短路故障。

(4)车辆端直流充电口端子 CAN 网络终端电阻故障。

(5)充电枪锁止开关(机械卡滞)及内部线路断路、虚接、短路故障。

(6)电流传感器电源、信号线路断路、虚接、短路以及自身故障。

2. 直流充电系统常见故障检修

以常见故障快充枪及快充口的检修举例说明其一般的检修方法。

(1)直流充电枪及充电线的检修。

①检查充电线外观有无开裂、破损、老化等问题。

②检查充电枪有无开裂、破损、老化等问题。

③使用万用表测量直流充电枪 CC2 与 PE 之间的电阻值,应为 1000Ω 左右,否则,CC2 与 PE 之间的电阻或线路损坏。

④使用万用表测量直流充电枪 CC1 与 PE 之间的电阻值,应为 1000Ω 左右,否则,CC1 与 PE 之间的电阻或线路损坏;然后按下直流充电枪开关,万用表应显示为无穷大,闭合开关后,恢复正常电阻值,否则,直流充电枪开关损坏。

⑤使用万用表测量 S+ 和 S- 对地电压,其电压均为 2.5V 左右,否则说明直流充电枪或直流充电桩内快充 CAN 网络故障。

(2)直流充电口检修。

①使用万用表测量 CC1 与 PE 之间的电阻,应为 1000Ω 左右,否则,直流充电口内 CC1 至 PE 电阻或线路损坏。

②检查快充 CAN 网络终端电阻,使用万用表测量 S+ 与 S-,其电阻值应为 120Ω,否则,终端电阻故障。

(七)直流充电系统故障检修流程

对于直流充电系统故障进行正确的诊断,不可能来自主观臆断,而是应该建立在获取与故障有关的信息基础上,结合充电工作原理及控制逻辑,科学分析,按照合理步骤进行综合分析,找出故障原因。其操作流程如图 5-18 所示。

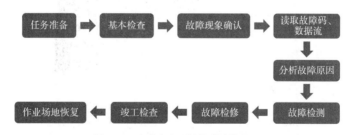

图 5-18 直流充电系统故障检修流程

(1)任务准备。在开始任何故障诊断任务之前,必须做好充分的准备,包括准备必要的工具和设备,如万用表、示波器、专用检测设备和维修手册等。

(2)基本检查。在开始诊断前,首先要进行基本的外观检查。这包括检查充电设备的外观是否完好,电线连接是否牢固,充电口是否清洁等。这一步可以排除许多非故障原因,如人为损坏或环境因素导致的故障。

（3）故障现象确认。在基本检查之后，需要进一步确认故障现象。向用户询问具体的故障症状和问题是非常重要的，例如充电速度慢、无法充电、充电时发热等。同时，需要记录下故障发生的具体情况，如时间、地点、操作方式等，以便更好地理解故障的原因。

（4）读取故障码、数据流。读取故障码是诊断故障的重要步骤。故障码通常会指示出故障的类型和位置，为维修人员提供重要线索。通过读取充电系统的数据流，可以实时监测系统的运行状态。通过对比正常数据和故障数据，可以发现异常数据，从而帮助诊断故障原因。

（5）分析故障原因。在诊断故障时，查阅相关的维修资料是非常重要的。这可以帮助了解充电系统的结构、工作原理、拆装方法、电路连接等信息，进而可以全面地分析故障原因。同时，也可以了解其他维修人员在实际工作中积累的经验和方法。

（6）故障检测。在获取了足够的信息之后，可以进行实际的故障检测。这可能包括测量电压、电流、电阻等参数，检查电路连接是否正确等。根据检测结果，结合充电工作原理及控制逻辑，科学分析以确定故障原因。

（7）故障检修。在找到故障原因之后，需要进行实际的故障检修。这通常需要按照维修手册的指导进行操作，如更换部件、重新设置参数等。在确认故障之后，记录下所采取的步骤和结果，为后续的维修工作提供参考。

（8）竣工检查。在完成故障修复之后，需要进行竣工检查以确保充电系统能够正常工作。这包括测试充电速度、检查充电口是否清洁、检查电线连接是否牢固等。如果一切正常，则可以交付给用户使用。

（9）作业场地恢复。在完成维修工作之后，需要将作业场地恢复到原始状态。这包括清理工作区域、归置工具和设备、确保安全等。此外，还需要对本次维修工作进行总结和评价，以便不断提高维修水平和服务质量。

四、任务计划决策

1. 直流充电系统故障检修任务计划

根据前面理论知识的学习，获取关键信息，对工作内容进行汇总分类，制订直流充电系统故障检修的工作计划。计划包括所需要的物料清单、工作顺序、工具检查、每一步检查的部位检查点、检查规范和标准、检查结果、检查时间、成本核算、安全与环保、注意事项等，并完成直流充电系统故障检修任务的配件清单和直流充电系统故障检修操作的计划表。

2. 直流充电系统故障检修任务决策

站在企业的角度，与师傅沟通工作任务计划方案实施的可行性。决策内容包括：设备清单，操作步骤的正确性、规范性和合理性，安全和环保注意事项，工作任务的时间控制和成本控制等，完成直流充电系统故障检修的任务决策表。

五、任务实施

1. 直流充电系统故障检修任务实施

以比亚迪 e5 为例，按照直流充电系统故障检修流程来实施操作。

(1) 任务准备。

①场地准备。操作前首先设置好隔离栏和安全警示牌,检查灭火器,同时确保操作环境通风良好。

②做好安全防护。安装车辆挡块,安装翼子板布、格栅布,安装好座椅套、转向盘套、换挡杆套、脚垫纸,检查电子驻车和挡位,降下驾驶人侧车窗玻璃,如图 5-19 所示。

③检查防护套装。操作人员必须持证上岗,穿好绝缘鞋和绝缘服,检查绝缘手套的气密性、耐压等级、生产日期等,检查护目镜、安全帽有无破损等,如图 5-20 所示。

图 5-19 比亚迪 e5 现场布置图　　　　　　图 5-20 现场防护套装

警告:监护人员及维修人员必须持有有效的《特种作业操作证(电工)》与《初级(含)以上电工证》(职业资格证书),严禁无证进行维修操作。

(2) 基本检查。

确定低压蓄电池电压大于 11.5V,确保低压蓄电池正负极插头连接牢靠,检查高压部件及插接器连接情况,检查低压部件及插接器连接情况,如图 5-21 所示。

检查充电枪机械开关能够灵活按动,能够及时复位且无卡滞;充电枪接口无异物;充电电缆无破损、断裂等;检查车端充电插座端子无异物,如图 5-22 所示。

图 5-21 比亚迪 e5 高低压线束检查　　　　图 5-22 比亚迪 e5 直流充电枪检查

(3) 故障现象确认。

关闭点火开关,连接充电枪至车辆充电插座,仔细听动力蓄电池主正接触器、主负接触

图 5-23　比亚迪 e5 直流充电故障现象确认

器是否发出"咔哒"声音,同时观察仪表上红色充电连接指示灯是否正常点亮,且仪表中是否正常显示充电功率、充电电流及预计充电时间,如图 5-23 所示。

(4) 读取故障码、数据流。

连接诊断仪,读取故障码,将 OBD 测量线连接到 VCI 设备,连接车辆 OBD 诊断插座,VCI 设备电源指示灯点亮。打开点火开关,选择相应车型并读取故障码和数据流,如图 5-24 所示。

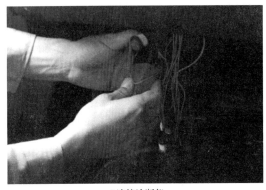

a) 连接诊断仪

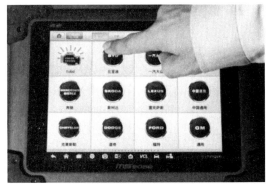

b) 查找车型读取故障码和数据流

图 5-24　比亚迪 e5 故障码和数据流读取

具体方法与步骤:选择品牌比亚迪—车型 e5—e5 通用版—动力网—动力蓄电池管理系统—故障码和数据流。

(5) 分析故障原因。

查阅 2019 款比亚迪 e5 电路电器原理图中关于直流充电的相关部件图。可以发现直流充电系统中涉及的电器元件有直流充电口及蓄电池管理系统(BMS),需要整理其电路间的关联性及逻辑性。

(6) 故障检测。

汽车故障检测应遵循先易后难、先外后内的原则。当汽车出现故障时,应首先检查汽车系统外可能的故障部件,这样可以避免对系统电路进行复杂耗时的检查。如果没有发现外部问题,再考虑检查内部部件及电路。

具体方法和步骤如下:

①检查充电枪及车端插座完好性。

②测量直流充电枪端子 CC2 与 PE 之间电阻。

③测量直流充电枪端子 CC1 与 PE 之间电阻。

④测量车辆直流充电插座端子 CC1 与 PE 之间电阻。

⑤测量车辆直流充电插座端子 CAN 网络终端电阻。

⑥测量车辆直流充电插座端子至 BMS 低压线束插接器导通性。

(7) 故障检修。

汽车检测与维修故障确认时,遵循最小范围原则,即尽可能准确地确定故障所在的部位和范围,需要确认到最小故障范围并在电路图上指出故障点或者故障范围,并判断故障类型,以减少不必要的检查和维修工作,提高维修效率和准确性。

经过故障检测发现,在车辆直流充电插座至 BMS 之间线路发生断路故障,遵循故障范围最小化原则,需要测量:

①测量车辆直流充电插座端子 CC2 至 BMS 低压线束插接器 B45(B)端子 15 之间导通性;

②测量车辆直流充电插座端子 CC2 至低压线束插接器 B53(A)端子 3 之间导通性。

(8) 竣工检查。

连接充电枪至车辆充电插座,听到动力蓄电池主正接触器、主负接触器是否发出"咔哒"声音,同时观察仪表上红色充电连接指示灯正常点亮,同时仪表中正常显示充电功率、充电电流及预计充电时间,则说明直流充电故障已经排除,车辆可以正常进行直流充电。

(9) 作业场地恢复。

故障排除后,进行作业场地恢复。首先升起驾驶人侧车窗玻璃,关闭点火开关,然后拆卸车外防护翼子板布、格栅布、拆卸座椅套、转向盘套、换挡杆套、脚垫纸,最后将高压警示牌等收回至原位置,对作业场地进行清洁、整理,如图 5-25 所示。

图 5-25 比亚迪 e5 作业场地恢复

2. 直流充电系统故障检修任务工单

(1) 完成直流充电系统故障检修任务实施方案工单。

在实施直流充电系统故障检修任务实操之前,完成实施方案工单,见表 5-2。

直流充电系统故障检修任务实施方案工单 表 5-2

班级		姓名	
学号		指导教师	
项目名称	直流充电系统故障检修	工作任务	直流充电系统故障检修任务实施方案

1. 直流充电系统故障检修任务配件清单

序号	名称	品牌	型号	数量	备注
1					
2					
3					
4					
……					

续上表

2. 直流充电系统故障检修操作计划表

序号	操作步骤及内容	工具设备	技术标准规范	注意事项
1				
2				
3				
4				
……				

3. 直流充电系统故障检修任务决策表

决策类型	决策方案
与师傅一起决策	
改进建议或决策结果	

（2）完成直流充电系统故障检修任务工单。

在实施直流充电系统故障检修任务过程中，完成下来工作页，见表5-3。

直流充电系统故障检修任务工单　　　　　　　　表5-3

班级		姓名	
学号		指导教师	
项目名称	直流充电系统故障检修	工作任务	充电连接确认信号CC2断路

1. 任务准备

作业内容	操作要点	结果记录
场地准备	设置隔离栏	□正常　□异常：_____
	设置安全警示牌	□正常　□异常：_____
	检查灭火器	□正常　□异常：_____
检查防护套装	绝缘手套的检查：气密性、耐压等级、生产日期等	□正常　□异常：_____
	护目镜的检查	□正常　□异常：_____
	安全帽的检查	□正常　□异常：_____
	穿着绝缘服、绝缘鞋	□正常　□异常：_____
检查工具套装	绝缘测试仪检测："TEST"功能检测、开路绝缘电阻、短路绝缘电阻	□正常　□异常：_____
	万用表检测和校零	□正常　□异常：_____
	绝缘工具是否齐全	□正常　□异常：_____
	诊断仪的检查	□正常　□异常：_____
	维修手册、电路图检查	□正常　□异常：_____

续上表

作业内容	操作要点	结果记录
安全防护	安装车辆挡块	□正常　□异常：_____
	安装翼子板布、格栅布	□正常　□异常：_____
	安装座椅套、转向盘套、换挡杆套、脚垫纸	□正常　□异常：_____
	检查电子驻车	□正常　□异常：_____
	检查是否在P挡	□正常　□异常：_____
	降下驾驶人侧车窗玻璃	□正常　□异常：_____

2. 基本检查

作业内容	操作要点	结果记录
车辆信息	车辆VIN码	
	品牌	
	生产日期	
	动力蓄电池工作电压	
	行驶里程	
安全检查与仪器连接	测量低压蓄电池电压	实测值：_____ V，标准值：11～14V 判断结果：□正常　□异常
	检查高压部件及插接器连接情况	□正常　□异常：_____
	检查低压部件及插接器连接情况	□正常　□异常：_____
充电连接装置外观检查	检查充电枪机械开关	□正常　□异常：_____
	检查充电枪端子	□正常　□异常：_____
	检查充电线缆	□正常　□异常：_____
	检查充电插座	□正常　□异常：_____

3. 故障现象确认

作业内容	操作要点	结果记录
关闭一键起动开关	关掉power键，将钥匙放在规定位置	□完成　□未完成：_____
插入快充充电枪	将充电枪插入车端直流充电插座	□完成　□未完成：_____
观察仪表信息	检查充电连接指示灯	□正常　□异常：_____
	检查充电功率显示	□正常　□异常：_____
	检查充电电流	□正常　□异常：_____
	检查充电时间显示	□正常　□异常：_____

4. 读取故障码、数据流

作业内容	操作要点	结果记录
连接诊断仪	将OBD Ⅱ接口与蓝牙接收器相连	□完成　□未完成：_____
	将OBD Ⅱ接口与车辆诊断座连接	□完成　□未完成：_____
打开一键起动开关	拿起钥匙，按下power键	□完成　□未完成：_____

续上表

作业内容	操作要点	结果记录
选择相应车型并读取故障码	选择比亚迪 e5 通用版,进入动力蓄电池管理系统模块	□无 DTC　□有 DTC:_____
读取直流相关数据流		

5. 分析故障原因

作业内容	操作要点	结果记录
查找 2019 款比亚迪 e5 直流充电系统电路简图	电路图中找到充电口及蓄电池管理系统 BMS 电路原理图,体现前后关系,插头及针脚号,画出充电系统电路简图	

6. 故障检测

作业内容	操作要点	结果记录
直流充电枪端子 CC1 与 PE 之间电阻	松开锁止开关	实测值:_____Ω,标准值:1kΩ 判断结果:□正常　□异常
	按下锁止开关	实测值:_____Ω,标准值:无穷大 判断结果:□正常　□异常
直流充电枪端子 CC2 与 PE 之间电阻	不插枪	实测值:_____Ω,标准值:1kΩ 判断结果:□正常　□异常
直流充电插座 CC1 与 PE 之间电阻	点火开关置于 OFF 挡	实测值:_____Ω,标准值:1kΩ 判断结果:□正常　□异常
直流充电插座 CAN 网络终端电阻	点火开关置于 OFF 挡	实测值:_____Ω,标准值:120Ω 判断结果:□正常　□异常
测量车辆直流充电插座端子 CC2 至动力电池管理系统低压线束插接器 BK45(B)端子 15 之间导通性	断开低压蓄电池负极	实测值:_____Ω,标准值:<1Ω 判断结果:□正常　□异常
测量车辆直流充电插座端子 CC2 至动力电池管理系统低压线束插接器 BK53(A)端子 3 之间导通性	断开低压蓄电池负极	实测值:_____Ω,标准值:<1Ω 判断结果:□正常　□异常

续上表

7.故障检修		
作业内容	操作要点	结果记录
根据测量找出故障点	记录最小故障范围	
判断故障类型	根据实际诊断结果确定(断路故障、短路故障、接触不良、元件损坏或老化)	
故障排除	根据实际诊断结果确定(检修、清洁或更换)	

8.竣工检查		
作业内容	操作要点	结果记录
连接蓄电池负极	调整预紧,防止脱落	□完成　□未完成:_____
插入快充充电枪	将充电枪插入车端直流充电插座,检查直流快充是否正常	□正常　□异常:_____
车辆上电	踩下制动开关,同时按下 power 键	□正常　□异常:_____

9.作业场地恢复		
作业内容	操作要点	结果记录
场地恢复	升起驾驶人侧车窗玻璃	□完成　□未完成:_____
	关闭一键起动开关	□完成　□未完成:_____
	拆卸翼子板布、格栅布	□完成　□未完成:_____
	拆卸座椅套、转向盘套、换挡杆套、脚垫纸	□完成　□未完成:_____
	将高压警示牌等收回原位置	□完成　□未完成:_____
	清洁、整理场地	□完成　□未完成:_____

六、任务检查交付

1.直流充电系统故障检修任务检查

依据任务计划单、实施流程、企业维修手册等,对直流充电系统故障检修任务的完成情况进行检查,并记录存在的问题及改进意见,完成任务检查单,见表5-4。

直流充电系统故障检修任务检查单　　　　　　表5-4

检查项目	检查内容	问题记录	处理意见
任务实施过程			
质量标准			
任务结果			

2.直流充电系统故障检修任务交付

技师完成任务实施后,需要将车辆移交给质检员做最后的检查,在交付车辆前需要向质检员交接以下项目,并完成车辆交付单,见表5-5。

车辆交付单　　　　　　　　　　　　　　　　　　　　表5-5

交付项目	检查结果	交车确认
维修项目全部完成	□是　□否	签字：
车辆清洁	□外观　□烟灰缸　□内饰　□前舱	
增值服务完工确认	□车辆健诊服务 □售后服务六件套 □维护里程及时间提醒设置更新	

（1）核实检查《任务委托书》，以确保顾客委托的所有维修项目的书面记录都已完成，并有质检员签字。

（2）实车核对《任务委托书》，以确保顾客委托的所有维修项目在车辆上都已完成。

（3）确认故障已消除，必要时试车。

（4）确认从车辆上更换下来的旧件。

（5）确认车辆内外清洁度（包括无灰尘、油污、油脂）。

（6）其他检查：除车辆外观外，不遗留抹布、工具、螺母、螺栓等。

七、总结评价

1.直流充电系统故障检修任务总结

(1)直流充电系统结构组成及各部件。

新能源汽车直流充电系统外部设备由充电设备即直流充电桩和直流充电枪组成。

车上设备由高压控制盒、动力蓄电池、快充口、快充线束等部件组成。

(2)直流充电插头及插座端子含义。

快充充电接口仅用于提供直流电，快充接口由3个电源pin(DC+、DC-、PE)，6个信号pin(S+、S-、A+、A-、CC1、CC2)组成。

(3)充电连接/脱开过程触头耦合顺序。

充电连接过程中，触头耦合的顺序为：保护接地，充电连接确认(CC2)，直流电源正与直流电源负，低压辅助电源正与低压辅助电源负，充电通信，充电连接确认(CC1)；在脱开的过程中则顺序相反。

(4)直流充电与交流充电区别。

①充电枪结构和外观。

②充电方式。

③充电速度。

④充电成本。

⑤蓄电池寿命影响。

⑥安全使用方面。

(5)直流充电过程的工作控制程序。

直流充电系统包括非车载充电机控制器、电阻R1、R2、R3、R4、R5、开关S、直流供电回路接触器 K1 和 K2、低压辅助供电回路接触器 K3 和 K4、充电回路接触器 K5 和 K6 以及车辆控制器。其程序包括：

①车辆接口连接确认；

②非车载充电机控制器自检；

③充电准备就绪；

④充电阶段；

⑤充电结束。

(6) 直流充电过程的控制策略。

在直流充电过程中，直流充电桩中的非车载充电机通过 CC1、CC2 信号确认充电枪与车身连接，充电桩经过充电口提供的低压辅助电源供电给直流充电继电器，继电器工作后将车辆低压蓄电池 12V 电源引入到 BMS 模块中，给 BMS 供电，使得 BMS 能够正常工作。此时，BMS 与充电桩进行系统检测，在确认正常的情况下进行通信握手、参数的读取后，进入充电状态。

在充电过程中，车辆通过 CAN 系统向充电桩发送动力蓄电池充电需求参数，充电桩进行数据分析后实时调整充电电压和电流，并相互发送各自的状态信息（包括充电桩的输出电压、电流，车辆动力蓄电池电压电流、SOC 值等）。同时对主正接触器、主负接触器、预充继电器进行粘连检测。

自检完成没有异常后，BMS 向非车载充电机发送充电指令并闭合主继电器，直流充电桩对动力蓄电池开始充电。

(7) 能力点总结。

①完成直流充电过程。

②查看仪表信息。

③分析无法直流充电的原因。

④识别直流快充各部件及端子。

⑤画出直流快充电路简图。

⑥完成无法直流充电故障诊断与排除。

⑦完成工位恢复。

⑧车辆交付。

2. 直流充电系统故障检修任务综合职业能力评价

针对学生实施直流充电系统故障检修任务的过程进行评价，可以采用学生自评、小组评价、教师评价等多种形式，目的是考查学生的专业能力和非专业能力，见表 5-6。

直流充电系统故障检修任务实施评价表　　　　　　　　　　表 5-6

一级指标	二级指标	配分	得分
1. 专业能力	做好车辆和个人的安全防护	5分	
	正确选择工具设备	5分	
	正确规范使用工具设备	5分	

续上表

一级指标	二级指标	配分	得分
1.专业能力	正确查阅维修手册	5分	
	遵守技术规范和标准	5分	
	正确完成直流充电过程	5分	
	正确查看仪表信息	5分	
	正确分析无法直流充电的原因	5分	
	正确识别直流快充各部件及端子	5分	
	正确画出直流快充电路简图	5分	
	正确完成无法直流充电故障诊断与排除	5分	
	正确完成工位恢复	5分	
2.非专业能力	严格遵守环保要求	5分	
	严格把控时间,注重工作效率	5分	
	主动解决问题	5分	
	团结协作	5分	
	安全意识	5分	
	信息查找	5分	
	逻辑思维	5分	
	精益求精的工匠精神	5分	
总计		100分	

八、巩固拓展

新任务迁移:比亚迪 e5 充电连接信号 CC1 故障诊断。

通过查阅资料,参考前面学习的直流充电系统故障检修流程及方法和比亚迪 e5 充电连接信号 CC2 故障诊断的实施操作,制订出比亚迪 e5 充电连接信号 CC1 故障诊断的工作计划及操作流程。

练习题

一、填空题

1.《电动汽车传导充电用连接装置 第 3 部分:直流充电接口》(GB/T 20234.3—2015)中规定,直流充电中,额定电压不超过_____V(DC)、额定电流不超过_____A。

2.直流快充正常条件下充电结束分两种情况,一种是_____,如蓄电池已充满;另一种是_____,如操作人员进行了充电结束刷卡。

二、选择题

1. 直流充电枪(车辆插头)端子采用凹孔凸针的设计,端子长短不一,其中( )最长。
   A. 保护地线 PE 端子　　　　　　　　B. CC1
   C. CC2　　　　　　　　　　　　　　D. CAN_H

2. 直流充电连接过程,触头耦合的顺序中,( )最后连接耦合。
   A. 保护地线 PE 端子　　　　　　　　B. CC1
   C. CC2　　　　　　　　　　　　　　D. CAN_H

3. 直流充电枪上 CC2 与 PE 之间电阻 R3 值为( )kΩ。
   A. 1　　　　B. 2　　　　C. 3　　　　D. 4

4. 直流充电枪执行《电动汽车传导充电用连接装置　第 3 部分:直流充电接口》(GB/T 20234.3—2015),共有( )端子。
   A. 7　　　　B. 8　　　　C. 9　　　　D. 10

5. 新能源汽车直流充电属于( )。
   A. 充电模式 4 连接方式 C　　　　　　B. 充电模式 3 连接方式 B
   C. 充电模式 4 连接方式 B　　　　　　D. 充电模式 3 连接方式 C

6. 直流充电过程中,检测点 1 的电压为( ),则桩端判断车辆接口完全连接。
   A. 4V　　　　B. 6V　　　　C. 8V　　　　D. 12V

7. 直流充电过程中,检测点 2 的电压为( ),则车端判断车辆接口完全连接。
   A. 4V　　　　B. 6V　　　　C. 8V　　　　D. 12V

8. 非车载充电机控制器通过绝缘表(IMD)对充电机内部(含充电电缆)的绝缘检查。充电直流回路 DC+ 与 PE 之间的绝缘电阻、DC- 与 PE 之间的绝缘电阻,两者取( )值 R。
   A. 较小　　　　B. 较大　　　　C. 平均　　　　D. 不确定

三、简答题

1. 简述直流快充与交流慢充的区别。
2. 简述直流快充控制过程。

学习任务6

DC/DC系统故障检修

▶ 知识目标

1. 掌握新能源汽车低压充电系统功能原理；
2. 掌握新能源汽车DC/DC变换器结构原理；
3. 了解DC/DC变换器系统常见相关故障。

▶ 技能目标

1. 能够正确维护DC/DC变换器；
2. 能够正确检修新能源汽车DC/DC变换器；
3. 能够正确更换新能源汽车DC/DC变换器。

▶ 素养目标

1. 通过DC/DC系统的故障诊断分析，培养工程思维和工程逻辑；
2. 通过小组合作，培养团队合作能力，养成友善的良好品质；
3. 通过DC/DC系统的故障检修，培养严谨缜密的优秀品格。

 课程思政点睛

本任务主要对学生进行社会主义核心价值观中敬业价值观的训练。在任务完成中培养学生尽职尽责、勤勉努力、爱岗敬业的精神。敬业是对公民职业行为准则的价值评价，充分体现了社会主义职业精神。中国有很多关于敬业的榜样，例如，我国杂交水稻之父袁隆平，他始终勇于创新，坚持科研，把论文写在大地上，把学问做进人民心坎里，让科学根植于人民，造福于人民，在人生最后的时光里，他依然还在一线关注科研创新，生病入院后仍在时时刻刻关心最新研究的水稻的情况，将粮食的种子、敬业与奋斗的"种子"留给了后来人。

一、任务接受

1. 学习情景描述

车主发现自己的某品牌新能源汽车在起动时，组合仪表无任何显示，仪表盘上的蓄电池警告灯点亮，车辆不能上电，于是把车送至4S店维修。维修人员初步判断这是低压系统的故障，一方面可能由于车主长期停放电动汽车，蓄电池电量耗尽，另一方面可能是DC/DC变换器发生故障，不能正常对蓄电池充电。对于该故障的分析，你是否认同？

学习任务6 DC/DC系统故障检修

2. DC/DC变换器更换任务工单

DC/DC变换器更换任务工单见表6-1。

DC/DC 变换器更换任务工单　　　　　　　　　　表6-1

服务站名称		工单类型		服务顾问	
车主姓名		车主手机号		送修人	
送修时间		预计交车时间		行驶里程(km)	
送修问题	在起动时,组合仪表无任何显示,仪表盘上的蓄电池警告灯点亮,车辆不能上电				
检查结果	更换DC/DC变换器				

二、任务分析

本任务实施前,请完成下列活动。

(1)同学们通过分析任务,思考并写出对此故障进行诊断与检修需要的信息。

(2)通过小组合作,讨论本组完成客户委托任务的关键点和难点以及需要进行哪些操作。

(3)各个小组分别进行展示分享,相互提出改进意见。

三、理论学习

(一) 低压充电系统结构与工作流程

新能源汽车上有许多低压用电设备,比如多媒体设备、仪表盘、电动车窗、车灯等,这些设备在12V或者24V的低电压下才能正常工作。而电动汽车的动力蓄电池的电压高达290～800V,因此,电动汽车需要低压充电系统实现低压的车载供电。

1. 低压充电系统结构

动力蓄电池是纯电动汽车的唯一能量来源,除了供给汽车驱动所需的电能外,也是供应汽车上各种辅助装置的工作电源。图6-1所示为北汽新能源EV200低压充电系统结构,其中动力蓄电池中的电流先通过高压控制盒,输出一路几百伏直流电向驱动电机、空调压缩机、PTC加热器提供电能;另一路则是低压充电系统,电流由高压控制盒输出到DC/DC变换器,转换成为12V或24V的低压电向低压蓄电池充电。低压蓄电池充电后,可以向动力转向单元、制动力调节控制单元、照明、车身电气等低压电设备提供电能。

2. 低压充电系统的工作流程

当车辆进行低压充电时,低压充电系统控制策略如下。

(1)整车ON挡上电或充电唤醒上电。

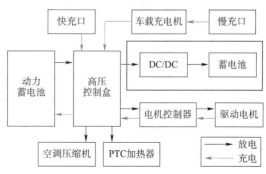

图6-1 北汽新能源EV200低压充电系统结构

(2）动力蓄电池完成高压系统预充电流程。

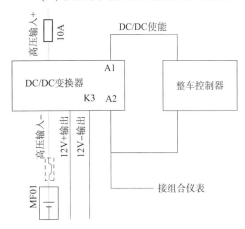

图 6-2 北汽新能源 EV200 汽车电路图

(3）整车控制器（VCU）发给 DC/DC 变换器使能信号,该信号为 12V 电压信号。DC/DC 变换器收到使能信号才能开始工作。如果线路阻抗过大,DC/DC 变换器收不到此信号,则无法为低压蓄电池充电。

(4）DC/DC 变换器开始工作,输出电压至低压蓄电池。

图 6-2 所示为北汽新能源 EV200 汽车电路图。

(二）DC/DC 变换器的结构和原理

1. DC/DC 变换器的作用

DC 是英文 Direct Current 的缩写,译为直流电,因此,DC/DC 的意思是将一种电压的直流电变换为另外一种电压的直流电,是实现电能转换和电能传输的重要装置。对于纯电动汽车而言,DC/DC 变换器相当于传统汽车的发电机,将动力蓄电池的高压直流电转换为整车低压 12V 直流电,给整车低压用电系统供电及低压蓄电池充电。

DC/DC 变换器可以单独放置在车前舱内,如图 6-3 所示;或者集成在集成控制器中,如比亚迪 e5,DC/DC 变换器在 VTOG 中;再如特斯拉 Model S(第一代),DC/DC 变换器在 FJB（Front Junction Box)中,如图 6-4 所示。DC/DC 变换器有输入过电压/欠电压保护、输出过电压/欠电压保护、输出过载短路保护、过温保护等功能,具有效率高、体积小、耐高温、耐恶劣工作环境的优点。

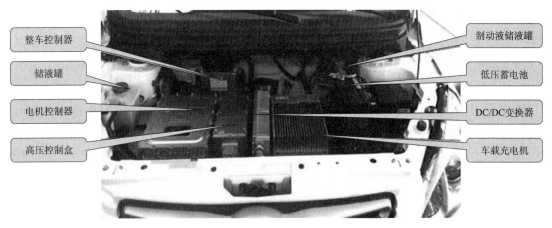

图 6-3 DC/DC 变换器在车前舱中位置

纯电动汽车的控制模块,比如整车控制器（VCU）、蓄电池管理系统（BMS）、电机控制器（MCU）、车身电气等系统均采用 12V 低压供电,因此,如果低压电源缺电或低压电压过低会导致电动汽车不工作或不能点亮 reday 灯,组合仪表无任何显示,无法起动车辆。

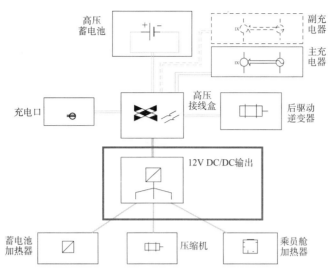

图 6-4 特斯拉 Model S 第一代架构图

2. DC/DC 变换器的结构

(1) 外部结构。图 6-5 所示为比亚迪 e5 的 DC/DC 变换器的外部结构。DC/DC 变换器集成在其内部,各个端口的含义见表 6-2。

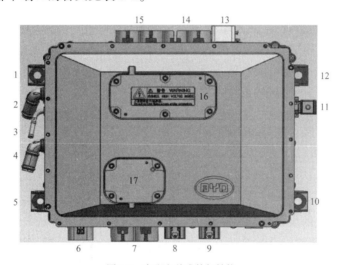

图 6-5 充配电总成外部结构

比亚迪 e5 充配电总成各端口定义　　　　表 6-2

端口序号	定义	对接说明
1	辅助定位	安装在前舱大支架上
2	出水口	连接冷却水管
3	排气口	连接排气管
4	进水口	连接冷却水管
5	主定位	安装在前舱大支架上
6	交流充电输入	连接交流充电口

续上表

端口序号	定义	对接说明
7	直流充电输入	连接直流充电口
8	空调压缩机配电	连接空调压缩机
9	PTC 水加热器配电	连接 PTC
10	辅助定位	安装在前舱大支架上
11	低压正极输出	连接蓄电池
12	辅助定位	安装在前舱大支架上
13	低压信号	连接低压线束
14	高压直流输入/输出	连接电池包
15	电机控制器配电	连接电机控制器
16	电控甩线和直流母线线鼻子固定维修盖	线鼻子固定点维修盖板
17	直流充电线缆线鼻子固定维修盖	线鼻子固定点维修盖板

①低压输出负极、低压输出正极。DC/DC 变换器通过内部结构将高压直流电降为低压直流电,低压直流电通过低压输出正极端子和低压输出负极端子与低压电路相连接,为车上的低压部件供电。低压输出负极和低压输出正极分别与低压蓄电池相连接。

②低压控制端。DC/DC 变换器工作时通过低压控制端(图 6-5 中 13 号端口)与整车控制器(VCU)进行通信,以保证 DC/DC 变换器与整车可以协调工作。

③高压输入端。DC/DC 变换器的能量来源是高压蓄电池,以比亚迪 e5 为例,高压蓄电池和充配电总成的高压直流输入/输出端子(图 6-5 中的 14 号端口)相连接,再通过高压线缆送入 DC/DC 变换器的高压输入端中。

④散热管器。由于 DC/DC 变换器在工作时会产生大量热量,需要对其进行降温。早期的电动汽车上采用的是风冷散热,利用散热片进行散热,目前主要是采用水冷散热。以比亚迪 e5 为例,在充配电总成内安装有冷却管路(图 6-5 中的 2 号和 4 号端口),通过冷却液循环进行散热。

(2)内部结构。DC/DC 变换器的内部结构主要分为高压输入模块、电路板和整流输出模块。高压输入模块的主要功能是将从高压控制盒传出的高压直流电输入 DC/DC 变换器的内部;电路板的主要功能是把高压直流电逆变成高压交流电,再把高压交流电通过变压器降压至低压交流电;整流输出模块的功能是将低压交流电整流成低压直流电。DC/DC 变换器的内部电流变化过程如图 6-6 所示。

图 6-6 DC/DC 内部电流变化过程

3. DC/DC 变换器的工作原理

DC/DC 变换器的作用是将一种电压的直流电变换为另一种电压直流电,主要对电压和电流实现变换,它在新能源汽车中起着能量转换和能量传递的作用。DC/DC 变换器分为单向的 DC/DC 变换器和双向的 DC/DC 变换器。单向的 DC/DC 变换器的能量只能单向流动,而双向的DC/DC变换器的作用是在保持变换器两端的直流电压极性不变的前提下,根据需要改变电流的方向,从而实现能量双向流动的直流转换。目前,新能源汽车主要使用单向的DC/DC变换器,将动力蓄电池中的几百伏直流电转变为低压蓄电池的13.8V直流电。双向的DC/DC变换器在丰田混合动力汽车中应用较多。

以纯电动汽车中常应用的单向DC/DC变换器为例,分析其工作原理。图6-7所示为DC/DC变换器电路原理图。该电路分为DC/AC逆变电路、变压器、二极管整流电路、滤波电路四个部分。DC/AC逆变电路部分采用高频电路交替控制,四个大功率开关管的导通和截止,将高压直流电转换为高压高频的交流电,其频率和占控比由高频电路的频率和控制功率开关管的导通时间决定,接下来流经变压器,该交流电通过高频电压器的降压,将原来高频高压的交流电电压降低,变为高频低压交流电,然后通过二极管整流电路和电容器的滤波,高频低压交流电转换为低压直流电,完成电压的转换,供给整车和低压蓄电池以及车上的各个低压使用部件。

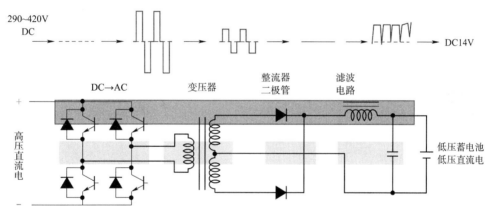

图6-7 DC/DC变换器电路原理图

(三) DC/DC变换器日常维护

电动汽车行驶到一定里程后,许多部件都会需要维护,DC/DC变换器也不例外。对DC/DC变换器进行维护是新能源汽车维护的重要内容。其日常维护内容见表6-3。

DC/DC变换器日常维护内容　　表6-3

维护类别	维护内容
A类	检查DC/DC变换器外壳是否有明显碰撞痕迹,各连接的导线应无破损、碰擦、并接触良好。高低压接线端子连接牢靠,无松动。散热齿上尽可能减少杂物,保证散热时风道畅通。在必要时清洁壳体外表面
B类	检查DC/DC变换器外壳是否有明显碰撞的痕迹,各连接导线应无破损、碰擦,并接触良好。高低压接线端子连接牢靠,无松动。端子无锈蚀,紧缩力矩达标,散热齿上应尽可能减少杂物,保证散热时风道畅通,必要时清洁外表面。检测DC/DC变换器的绝缘电阻,使用绝缘电阻表,测量DC/DC变换器高压输入与车身的绝缘电阻,绝缘电阻阻值应大于20MΩ

(四) DC/DC系统常见故障

由于各种原因,DC/DC变换器可能会出现故障,电动汽车DC/DC变换器常见故障主要包括以下几种情况。

(1) DC/DC变换器低压信号故障。该类故障涉及低压端供电、搭铁以及使能信号,部分车型为监测DC/DC工作状态会输出多组信号,若有,也需一并验证。

(2) DC/DC变换器高压输入故障。该类故障多见于DC/DC熔断器损坏。

(3) DC/DC变换器低压输出故障。该类故障常见于连接线路故障。

(4) DC/DC变换器本身故障。对于该类故障一般采用更换的方法。

(五) DC/DC系统故障检修流程

DC/DC变换器的故障检修流程遵循由易入难、由外向内的原则,其故障检修流程如下。

(1) 验证故障现象。

首先上车验证故障现象,观察仪表指示灯,可以通过故障警告灯来判断故障点。

(2) 初步诊断。

对车辆进行基本检查。打开机舱盖,检测12V蓄电池的电压是否正常,插头是否有松动,线路是否有破损,打开熔断丝、继电器盒检测是否完整。

(3) 读取故障信息。

接入诊断仪读取车辆运行数据,查看故障码、数据流,并对其进行分析,确定故障范围。

(4) 制订检修计划。

根据初步诊断结果和利用诊断仪读取故障信息,确定故障原因。通过查找维修手册、电路图等资料,制订故障检修计划。

(5) 故障检测。

根据制订的故障检修计划,进行故障检测,确认故障点。

(6) 排除故障。

通过验证故障现象,确认故障的排除。

(7) 车辆检测交付。

故障检修完毕需要完成车辆的检查和交付,同时要做好工具设备的复位和5S工作。

四、任务计划决策

1. DC/DC故障检修任务计划

根据前面理论知识的学习,获取关键信息,对工作内容进行汇总分类,制订动力DC/DC故障检修的工作计划。计划包括所需要的物料清单、工作顺序、工具检查、每一步检查的部位检查点、检查规范和标准、检查结果、检查时间、成本核算、安全与环保、注意事项等,并完成DC/DC故障检修任务的配件清单和DC/DC故障检修操作的计划表。

2. DC/DC故障检修任务决策

站在企业的角度,确认工作任务计划方案实施的可行性。决策内容包括:设备清单,操作步骤的正确性、规范性和合理性,安全和环保注意事项,工作任务的时间控制和成本控制等工作计划中的具体内容,并完成DC/DC故障检修的任务决策表,见表6-3。

五、任务实施

1. DC/DC 系统故障检修任务实施

下面以比亚迪 e5 为例,按照更换 DC/DC 变换器流程来实施操作。

(1)任务准备。

①场地准备。操作前首先设置好隔离栏和安全警示牌,检查灭火器,同时确保操作环境通风良好。

②检查防护套装。操作人员必须持证上岗,穿好绝缘鞋和绝缘服,检查绝缘手套的气密性、耐压等级、生产日期等,检查护目镜、安全帽有无破损等。

> **警告**:监护人员及维修人员必须持有有效的《特种作业操作证(电工)》与《初级(含)以上电工证》(职业资格证书),严禁无证进行维修操作。

③检查工具套装。对绝缘测试仪进行开路测试和短路测试,对数字万用表进行校零,检查绝缘工具是否齐全、完好等。

④做好安全防护。安装车辆挡块,安装好翼子板布、格栅布,安装好座椅套、转向盘套、换挡杆套、脚垫纸,检查电子驻车和挡位,降下驾驶人侧车窗玻璃。

(2)确认故障现象。

用万用表检测 DC/DC 变换器输出电压是否符合要求,以判断其工作性能。检测方法如下。

①将车钥匙置于 OFF 挡,断开所有用电器并拔出钥匙。

②按压低压蓄电池锁压件,打开盖板并裸露出低压蓄电池正极。

③使用万用表电压挡位测量低压蓄电池的电压,并记录此电压值。

④将车钥匙置于 ON 挡位置。

⑤使用万用表电压挡位测量低压蓄电池的电压,这时所测的这个电压值是 DC/DC 变换器输出的电压。检测的 DC/DC 变换器正常输出电压为 13.5~14V(关闭车上的用电设备的情况下)。如果两次测量电压一致,且均低于 13.5V,说明 DC/DC 变换器故障。

(3)初步诊断。

确保低压蓄电池正负极插头连接牢靠,检查高压部件及插接器连接情况,检查低压部件及插接器连接情况,高压熔断器是否熔断。

(4)读取故障信息。

连接诊断仪,读取故障代码,将 OBD 测量线连接到 VCI 设备,连接车辆 OBD 诊断插座,VCI 设备电源指示灯点亮。打开点火开关,选择相应车型并读取故障代码和数据流。

(5)制定检修计划

根据前面的检查结果,查阅维修手册,写出可能的故障原因。

(6)故障检修。

根据前面初步诊断的结果,按照由易到难的逻辑进行诊断检修,具体步骤如下。

①接上充电机给低压蓄电池充电后可以完成高压上电,说明高压输入没有问题。

②关闭点火开关,测量低压蓄电池两端电压 12V;将车钥匙置于 ON 挡位置,检测低压蓄

电池两端电压低于12.6V,说明DC/DC变换器不能正常给低压蓄电池充电。

③测量DC/DC变换器低压输出端口处电压约为14V。

④测量DC/DC变换器端到低压蓄电池端之间的电压降,大约为1.4V。

(7)故障排除

根据上述检测结果,可以判断出DC/DC变换器与低压蓄电池之间的线束出现虚接,进行进一步检查,确认是线束接口松动,还是线束本身问题,并进行检修或者更换。

(8)车辆检测交付。

完成DC/DC变换器与低压蓄电池之间的线束更换后,需要进行竣工检查。

①将车钥匙置于LOCK挡位,用万用表测量低压蓄电池电压,电压应为12V左右。

②将车钥匙置于ON挡位,用万用表测量低压蓄电池电压,电压应为14V左右。

③安全前面章节的要求,完成作业场地的恢复。

2. DC/DC故障检修任务工单

(1)完成DC/DC系统故障检修任务实施方案工单。

在实施DC/DC系统故障检修任务实操之前,完成实施方案工单,见表6-4。

DC/DC系统故障检修任务实施方案工单   表6-4

班级		姓名	
学号		指导教师	
项目名称	DC/DC系统故障检修	工作任务	DC/DC系统故障检修任务实施方案

1. DC/DC系统故障检修任务配件清单

序号	名称	品牌	型号	数量	备注
1					
2					
3					
4					
……					

2. DC/DC系统故障检修操作计划表

序号	操作步骤及内容	工具设备	技术标准规范	注意事项
1				
2				
3				
4				
……				

3. DC/DC系统故障检修任务决策表

决策类型	决策方案
与师傅一起决策	
改进建议或决策结果	

(2)完成DC/DC系统故障检修任务工单。

在实施DC/DC系统故障检修的任务过程中,完成任务实操工单,见表6-5。

DC/DC系统故障检修任务工单　　　　　　　　　　表6-5

班级		姓名	
学号		指导教师	
项目名称	DC/DC系统故障检修	工作任务	DC/DC系统故障诊断检修

1. 任务准备

作业内容	操作要点	结果记录
场地准备	设置隔离栏	□正常　□异常:_____
	设置安全警示牌	□正常　□异常:_____
	检查灭火器	□正常　□异常:_____
检查防护套装	绝缘手套的检查:气密性、耐压等级、生产日期等	□正常　□异常:_____
	护目镜的检查	□正常　□异常:_____
	安全帽的检查	□正常　□异常:_____
	穿着绝缘服、绝缘鞋	□正常　□异常:_____
检查工具套装	绝缘测试仪检测:"TEST"功能检测、开路绝缘电阻、短路绝缘电阻	□正常　□异常:_____
	万用表检测和校零	□正常　□异常:_____
	绝缘工具是否齐全	□正常　□异常:_____
	诊断仪的检查	□正常　□异常:_____
	维修手册、电路图检查	□正常　□异常:_____
安全防护	安装车辆挡块	□正常　□异常:_____
	安装翼子板布、格栅布	□正常　□异常:_____
	安装座椅套、转向盘套、换挡杆套、脚垫纸	□正常　□异常:_____
	检查电子驻车	□正常　□异常:_____
	检查是否在P挡	□正常　□异常:_____
	降下驾驶人侧车窗玻璃	□正常　□异常:_____

2. 基本检查

作业内容	操作要点	结果记录
车辆信息	车辆VIN码	
	品牌	
	生产日期	
	动力蓄电池工作电压	
	行驶里程	
车辆基本检查	测量低压蓄电池电压	实测值:_____V,标准值:11~14V 判断结果:□正常　□异常
	检查高压部件及插接器连接情况	□正常　□异常:_____
	检查低压部件及插接器连接情况	□正常　□异常:_____

续上表

3. 故障现象确认

作业内容	操作要点	结果记录
打开一键起动开关	打开 power 键,将钥匙放在车内	□完成 □未完成:_____
起动车辆	踩住制动踏板,按下 power 键	□完成 □未完成:_____
观察仪表信息	OK 指示灯是否点亮	□正常 □异常:_____
	有无故障指示灯等提示信息	□正常 □异常:_____

4. 读取故障码、数据流

作业内容	操作要点	结果记录
连接诊断仪	将 OBD Ⅱ 接口与蓝牙接收器相连	□完成 □未完成:_____
	将 OBD Ⅱ 接口与车辆诊断座连接	□完成 □未完成:_____
打开一键起动开关	拿起钥匙,按下 power 键	□完成 □未完成:_____
选择相应车型并读取故障码	选择比亚迪 e5 通用版,进入动力蓄电池管理系统模块	□无 DTC □有 DTC:_____
读取 DC/DC 相关数据流		

5. 分析故障原因

作业内容	操作要点	结果记录
查找 2019 款比亚迪 e5 充配电总成电路简图	结合故障现象、故障码、数据流、电路图进行综合分析,并确定故障范围	

6. 故障检测

作业内容	操作要点	结果记录
蓄电池电压测量	关闭点火开关,测量低压蓄电池电压	实测值:_____V,标准值:_____V 判断结果:□正常 □异常
	车辆在 ON 挡时,测量低压蓄电池电压	实测值:_____V,标准值:_____V 判断结果:□正常 □异常_____
DC/DC 变换器电压测量	车辆在 ON 挡时,测量 DC/DC 变换器输出端口电压	实测值:_____V,标准值:_____V 判断结果:□正常 □异常
测量 DC/DC 变换器至低压蓄电池端的线束	车辆在 ON 挡时,测量 DC/DC 变换器至低压蓄电池端之间的电压	实测值:_____V,标准值:_____V 判断结果:□正常 □异常

续上表

7.故障确认

作业内容	操作要点	结果记录
根据测量找出故障点	记录最小故障范围	
判断故障类型	根据实际诊断结果确定(断路故障、短路故障、接触不良、元件损坏或老化)	
确定维修方案	根据实际诊断结果确定(检修、清洁或更换)	

8.竣工检查

作业内容	操作要点	结果记录
车辆上电	安装好12V蓄电池正负极	□完成 □未完成:_____
查看仪表信息	踩下制动开关,同时按下 power 键	□正常 □异常:_____
查看故障信息	接入诊断仪,再次确认故障码已清除	□正常 □异常:_____
测量 DC/DC 变换器的输出电压	踩下制动开关,同时按下 power 键	蓄电池电压:_____ V □正常 □异常:_____

9.作业场地恢复

作业内容	操作要点	结果记录
场地恢复	升起驾驶人侧车窗玻璃	□完成 □未完成:_____
	关闭一键起动开关	□完成 □未完成:_____
	拆卸翼子板布、格栅布	□完成 □未完成:_____
	拆卸座椅套、转向盘套、换挡杆套、脚垫纸	□完成 □未完成:_____
	将高压警示牌等收回原位置	□完成 □未完成:_____
	清洁、整理场地	□完成 □未完成:_____

六、任务检查交付

1. DC/DC 系统故障检修任务检查

依据任务计划单、实施流程、企业维修手册等,对 DC/DC 系统故障检修任务完成情况进行检查,并记录存在的问题及改进意见,完成任务检查单,进一步提升操作技能,调整完善任务计划,见表6-6。

DC/DC 系统故障检修任务检查单　　　　　表6-6

检查项目	检查内容	问题记录	处理意见
任务实施过程			
质量标准			
任务结果			

2. DC/DC 变换器更换任务交付

技师完成任务实施后,需要将车辆移交给质检员做最后的检查,在交付车辆前需要和质检员交接以下项目,并完成车辆交付单,见表6-7。

车辆交付单　　　　　　　　　　　　表6-7

交付项目	检查结果	交车确认
维修项目全部完成	□是　□否	签字:
车辆清洁	□外观　□烟灰缸　□内饰　□前舱	
增值服务完工确认	□车辆健诊服务 □售后服务六件套 □维护里程及时间提醒设置更新	

(1)核实检查《任务委托书》,以确保顾客委托的所有维修项目的书面记录都已完成,并有质检员签字。

(2)实车核对《任务委托书》,以确保顾客委托的所有维修项目在车辆上都已完成。

(3)确认故障已消除,必要时试车。

(4)确认从车辆上更换下来的旧件。

(5)确认车辆内外清洁度(包括无灰尘、油污、油脂)。

(6)其他检查:除车辆外观外,不遗留抹布、工具、螺母、螺栓等。

七、总结评价

1. DC/DC 系统故障检修任务总结

(1)低压充电系统的工作流程。

①整车 ON 挡上电或充电唤醒上电。

②动力蓄电池完成高压系统预充电流程。

③整车控制器(VCU)发给 DC/DC 变换器使能信号。

④DC/DC 变换器开始工作,输出电压至低压蓄电池。

(2)DC/DC 变换器外部线束结构。

①低压输出负极。

②低压输出正极。

③低压控制端。

④高压输入端。

(3)DC/DC 变换器内部结构。

①高压输入模块。

②电路板。

③整流输出模块。

(4)DC/DC 变换器内部工作流程。

(5)DC/DC 变换器工作状态的判断方法。

①保证整车线束正常连接的情况下,上电前使用万用表测量低压蓄电池端电压,并记录。

②整车 ON 挡上电,继续读取万用表数值,查看变化情况,如果数值在 13.8~14V 之间,判断为 DC 工作。

③整车 ON 挡上电或充电唤醒上电,动力蓄电池完成高压系统预充流程,VCU 通过低压控制线发给 DC/DC 变换器使能信号,DC/DC 变换器开始工作。

(6)能力点总结。

①高压安全防护工具的使用。

②高压断电的操作。

③高压验电。

④DC/DC 变换器故障诊断。

⑤DC/DC 变换器故障检修。

⑥DC/DC 变换器更换。

⑦车辆交付。

2. DC/DC 系统故障检修任务综合职业能力评价

针对学生实施 DC/DC 系统故障诊断及更换任务的过程进行评价,可以采用学生自评、小组评价、教师评价等多种形式,目的是考查学生的专业能力和非专业能力,见表6-8。

DC/DC 系统故障诊断及更换任务实施评价表　　　　表 6-8

一级指标	二级指标	配分	得分
1.专业能力	正确规范使用工具设备	5分	
	正确查阅维修手册	5分	
	遵守技术规范和标准	5分	
	正确查看仪表信息	5分	
	正确完成高压断电	5分	
	正确完成高压验电	5分	
	正确验证故障现象	5分	
	正确完成故障检测	5分	
	正确完成电压测量	5分	
	正确完成低压控制电路检测	5分	
	正确完成高压电路检测	5分	
	正确完成工位恢复	5分	
2.非专业能力	严格遵守环保要求	5分	
	严格把控操作时间,注重工作效率	5分	
	主动解决问题	5分	
	团队协作	5分	
	安全意识	5分	
	信息查找	5分	
	逻辑思维	5分	
	精益求精的工匠精神	5分	
总计		100分	

八、巩固拓展

新任务迁移：其他车型的 DC/DC 变换器系统认知。

通过查阅资料，请说出特斯拉 Model 3 的直流电变换器的位置以及它与其他车型的 DC/DC 变换器系统结构的区别。

Model 3 的高压蓄电池组的构造如图 6-8 所示。

图 6-8　Model 3 高压电池组构造
1-阁楼盖；2-阁楼盘盖；3-阁楼；4-高压电池外壳；5-模组

在 Model 3 中，没有独立的 DC/DC 变换器系统。PCS 可以将高压直流电转为低压直流电，为辅助蓄电池充电；也可以将低压直流电转为高压直流电，是进行预充电必不可少的部件。图 6-9 和图 6-10 所示为阁楼内部结构以及其功率转换模块(PCS)的位置。

图 6-9　Model 3 阁楼内部结构

图 6-10　Model 3 功率转换模块(PCS)所在位置

练习题

一、填空题

1. DC/DC 变换器是将来自_____的高压直流电转为低压直流电,给_____充电。
2. 新能源汽车上的 DC/DC 变换器与传统燃油汽车上_____的功能基本相同。

二、选择题

1. DC/DC 的功能有(　　)。
   A. 给高压蓄电池充电　　　　　　　B. 给低压蓄电池充电
   C. 给电机充电　　　　　　　　　　D. 给电容充电

2. 以下对新能源车降压 DC/DC 的功能描述正确的是(　　)。
   A. 纯电模式下,DC 的功能替代了传统燃油车挂接在发动机上的 12V 发电机,和蓄电池并联给各用电器提供低压电源
   B. 将动力蓄电池的直流电转换为交流电给驱动电机供电
   C. 监测力蓄电池状态
   D. 将电动机回馈的交流电转换为直流电

3. DC/DC 变换器工作时通过低压控制端与(　　)进行通信,以保证 DC/DC 变换器与整车可以协调工作。
   A. MCU　　　　　B. BMS　　　　　C. VCU　　　　　D. OBC

4. DC/DC 内部电流变化过程中从高压直流变到高压交流的过程称为(　　)。
   A. 降压　　　　　B. 变频　　　　　C. 整流　　　　　D. 逆变

5. 在正常工作时,由整车控制器提供,发给 DC/DC 变换器使能信号至(　　)端口。
   A. 低压控制端　　B. 低压输出负极　　C. 低压输出正极　　D. 高压输入端

三、简答题

1. 请简述 DC/DC 变换器日常维护内容。
2. 请画出 DC/DC 变换器内部工作流程。
3. 请简述 DC/DC 变换器故障诊断检修的工作步骤。

参 考 文 献

[1] 蔡兴旺,康晓清.新能源汽车结构与维修[M].北京:机械工业出版社,2018.

[2] 周旭,石未华.新能源汽车动力蓄电池与驱动电机系统结构原理及检修[M].北京:机械工业出版社,2021.

[3] 石玲.电动汽车概论[M].北京:机械工业出版社,2020.

[4] 朱升高,王国涛,韩素芳.电动汽车动力电池管理系统原理与检修[M].北京:机械工业出版社,2021.

[5] 北汽新能源汽车公司.E150EV维修手册[Z].北京:机械工业出版社.2013.

[6] 李治国,梁洪波.新能源汽车高压安全与防护[M].2版.北京:人民交通出版社股份有限公司,2022.

[7] 李怀俊,杨俊伟.新能源汽车结构原理与检修[M].北京:机械工业出版社,2023.

[8] 王玉彪,石功名.新能源汽车动力电池系统与充电系统[M].北京:机械工业出版社,2021.

[9] 刘海峰,廖辉湘.电动汽车动力蓄电池及管理系统[M].北京:人民交通出版社股份有限公司,2018.